"60 AÑOS DE LA ECONOMÍA MEXICANA"

"60 AÑOS DE LA ECONOMÍA MEXICANA"

CARLOS VILLAR

Número de Control de la Biblioteca del Congreso de EE. UU.:   2011918253

ISBN: Tapa Dura   978-1-4633-0517-8

                Tapa Blanda   978-1-4633-0516-1

                Libro Electrónico   978-1-4633-0515-4

Este Libro fue impreso en los Estados Unidos de América.

Para pedidos de copias adicionales de este libro, por favor contacte con:
Palibrio
1663 Liberty Drive, Suite 200
Bloomington, IN 47403
Llamadas desde los EE.UU. 877.407.5847
Llamadas internacionales +1.812.671.9757
Fax: +1.812.355.1576
ventas@palibrio.com
352522

ÍNDICE

Primeramente a mi esposa "Pato" y a mis hijos
Carlos y María José de quienes he recibido
siempre amor, cariño y comprensión; no
puedo dejar de agradecer a mis padres
por su ejemplo y por no haber
perdido la confianza en mí.

LA ECONOMÍA
MEXICANA

I

Introducción

El problema fundamental es que, salvo Rincón Gallardo, pienso que ninguno de los candidatos que han contendido por la presidencia de la república es Patriota y lo único que buscan es llegar al PODER; La Oposición desea echar fuera al PRI para hacerse del PODER y el PRI solo quiere eternizarse en el PODER.

Lástima pero es la verdad. No confío ni en el PAN, ni en el PRI, menos aún en PRD, Convergencia y tantos otros de izquierda, no quiero ni pensar y por desgracia el origen del único candidato Patriota, Rincón Gallardo, fue el Partido Comunista, por lo cuál no es de mi especial predilección.

Aunque no estoy muy convencido por PAN, creo que a este País le hace falta un cambio de Partido y la única opción viable es él, PAN, pues el PRD es nefasto.

A los que nos tocó vivir o bien poder recordar gracias a familiares y amigos desde la época de los años 40, estamos concientes de que lo sucedido el día 2 de Julio del 2000, es trascendental en la vida de nuestro País.

Hemos elegido de manera ejemplar a un nuevo presidente de México QUE NO ES DEL PRI, hemos elegido al presidente del HOY . . . Sigamos su ejemplo y acabemos con el país del MAÑANA.

Hagamos HOY todo lo que nos sea posible, no dejemos para MAÑANA el esfuerzo y la dedicación que podamos brindar desde el día de HOY.

Ya no más la imagen del indio dormido y recostado en una nopalera y esperando que MAÑANA algo le cayera del cielo. Convirtamos a nuestro país en el país del HOY, como le gusta a algunos políticos mexicanos.

FELICIDADES MEXICO . . .

De igual forma debemos reconocerle a un presidente, que nunca se preparó para serlo, el presidente Ernesto Zedillo (único presidente de México que ha egresado del IPN) la enorme visión que tuvo y que permitió que este simbólico cambio tuviera lugar y el tremendo esfuerzo que tuvo que realizar para sacar al país de la peor crisis económica de su historia (crisis que heredó de Salinas) y llevarlo paso a paso hacia la estabilidad.

HOY exportamos más que Corea y España y más que todo el resto de América Latina junta. HOY, gracias a Zedillo iniciamos el libre comercio con la Unión Europea, Israel y el triángulo Centroamericano.

HOY gracias a VICENTE FOX, México ya nunca será igual.

Como leí por allí, este triunfo se lo debemos a la GENTE JOVEN y uno que otro medio viejo como yo, se lo debemos a ésta, a la Generación del Internet, innovadora y consciente del futuro radiante que nos espera.

Otra vez . . . FELICIDADES MEXICO, FELICIDADES MEXICANOS . . .

HOY estaremos más juntos que nunca, HOY . . . tenemos muchas cosas que hacer.

Si antes estaba indeciso, en ese momento pensé que quizá fuera la mejor opción.

Después, la campaña orquestada del PRD y del PRI, para desprestigiarlo, acabó de convencerme.

Pero esta es una larga historia que se remonta al año de 1943 en donde yo aún no había nacido, sien embargo mi abuelo y padre si, y habré de contárselas poco a poco.

JUSTIFICACIÓN Y PLANTEAMIENTO DEL PROBLEMA.

El presente trabajo pretende poner en evidencia como la administración de un país sin rumbo, no lleva a ninguna parte, es decir, mientras los planes de gobierno sean establecidos en plazos únicamente de seis años, sin importar quien gobierne pertenezca o no a un partido determinado, esto no nos llevará a un desarrollo sustentable, sostenible y creciente.

Por el contrario se debe establecer un plan nacional de desarrollo el cual garantice la permanencia de los programas sociales, de infraestructura y que garantice que las políticas gubernamentales serán consistentes por largos periodos de tiempo, permitiendo la correcta administración del propio estado y por ende la prospera administración de las empresas que en el conviven.

La aplicación de la administración de empresas no es sólo un modelo para la empresa particular, sino más bien un modelo de trabajo que genera bienestar; en el caso del Estado regulador (Gobierno), este deberá generar bienestar social, político y económico a sus regulados, aplicando modelos de administración de empresas generalmente aceptados.

A pesar de que uno de los objetivos de la correcta administración de las empresas es la generación de recursos, optimizando procesos y aumentando las utilidades, el gobierno o empresa paraestatal no puede gastar más dinero del que genera; es tan malo un gobierno que atesora riqueza como aquel que la derrocha sin planeación; sin embargo un gobierno bien administrado y mesurado cuenta con el capital económico necesario para hacer más, más en beneficio de sus gobernados.

De igual manera un gobierno no puede ser administrador y administrado, pues esto no lleva más que al caos y a la anarquía.

II

MARCO TEORICO

CRECIMIENTO CON INFLACIÓN 1940-1956

El crecimiento económico logrado en este período estuvo acompañado de un constante proceso inflacionario, que dificultaba la consolidación del modelo de crecimiento. Este problema de origen económico con repercusiones de índole social, será resuelto en el régimen de Adolfo Ruiz Cortines, quien implementó una serie de medidas que lograron abatir y mantener bajo control el proceso inflacionario, éxito conocido internacionalmente con el título de El Milagro Mexicano.[1]

Manuel Ávila Camacho   1940-1946.
Miguel Alemán Valdez   1946-1952.
Adolfo Ruiz Cortines   1952-1958.

De acuerdo a las condiciones políticas, económicas y sociales, cada uno de los regímenes mencionados diseñaron proyectos políticos tendientes a solucionar los problemas heredados del gobierno anterior y por otro lado, para fomentar el crecimiento económico, vehículo a través del cual se llegaría a la justicia social, idea claramente expuesta por Manuel Ávila Camacho al inicio de su gobierno.

---

[1]   ITESM

60 Años De La Economía Mexicana

DESARROLLO ESTABLE, 1941-1970

Años del Sexenio	Presidente de México	Año Final del sexenio	T. Camb pes/dol	Increm. sexenio %	Mínimo en pesos
1941-1946	M.Avila Camacho	1946	4.85	0.00	3.39
1947-1952	M.Aleman Valdés	1952	8.65	78.35	6.70
1953-1958	A.Ruiz Cortines	1958	12.50	44.51	12.00
1959-1964	A.López Mateos	1964	12.50	0.00	21.50
1965-1970	G.Díaz Ordáz	1970	12.50	0.00	32.00

Fuente: Elaboración propia con base en Nacional Financiera, *La economía mexicana en cifras*; Banco de México, *Indicadores económicos*, varios años.

DESARROLLO INESTABLE, 1971-2000

Años del Sexenio	Presidente de México	Año Final del sexenio	T. Camb pes/dol	Increm. sexenio %	Mínimo en pesos
1971-1976	L.Echeverría A.	1976	22.00	76.00	96.70
1977-1982	J.López Portillo	1982	150.00	581.82	364.00
1983-1988	M.La Madrid H.	1988	2281.00	1420.67	8000.00
1989-1994	C.Salinas de G.	1994	3.15	38.10	15270.00
1995-2000	E.Zedillo P.de L.	2000	9.60	204.76	37900.00

Fuente: Elaboración propia con base en Nacional Financiera, *La economía mexicana en cifras*; Banco de México, *Indicadores económicos*, varios años.

Tipo de Cambio

De acuerdo con el orden que siguen las columnas de la tabla, la primera variable que se analizó fue el consabido tipo de cambio o paridad peso-dólar, que pareciera ser que desde aquellas lejanas épocas del Presidente Miguel Alemán, nos ha obsesionado a todos los mexicanos. Y claro que no es para menos, si el grueso de la población mexicana, de una forma u otra se ha visto afectada con las nada agradables devaluaciones de nuestra moneda.

Durante los primeros 30 años, 1941-1970, la paridad peso-dólar cambió de 4.85 a 12.50 es decir tuvo un incremento del 158% en el período mencionado.

Mientras tanto en los siguientes 30 años, 1971-2000, la paridad peso-dólar pasó de 12.50 a 9600 (para la comparación debemos agregar los 3 ceros que se le quitaron en 1993) lo que representa un incremento del 76700%, es decir 767 veces más que en 1971.

En el caso de haber continuado con la política de estabilidad económica, con baja inflación igual o menor que nuestro vecino del norte, es muy posible que como muestra la tabla "Lo que pudo ser" el tipo de cambio no se hubiera movido y por lo mismo la variación, al igual que fue en el sexenio de López Mateos y Díaz Ordaz habría sido 0%

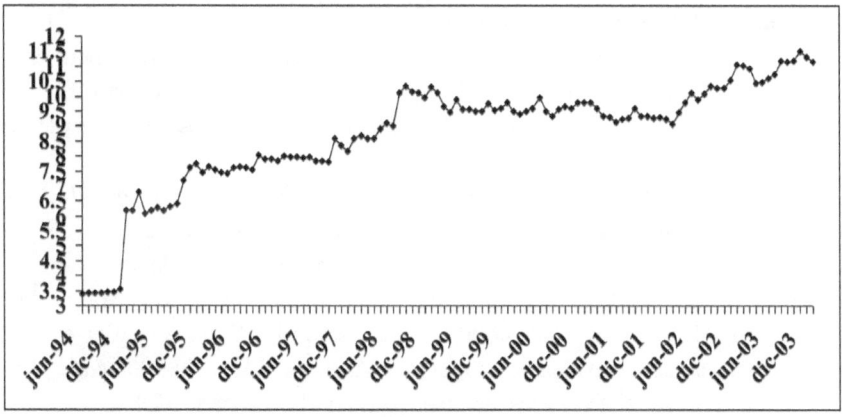

Fuente: Elaboración propia con base en Nacional Financiera, *La economía mexicana en cifras*; Banco de México, *Indicadores económicos*, varios años.

Inflación

Corresponde a las columnas mostradas en tercer término en la tabla y es una variable de la economía que va íntimamente ligada a la paridad del peso con el dólar.

La correspondencia es biunívoca, es decir si la inflación se desboca exageradamente existe peligro inminente de devaluación de la moneda, pero además cuando la moneda se devalúa de manera brusca, automáticamente se forma una burbuja o espiral inflacionaria que lleva los precios a las nubes.

Por lo tanto decir Inflación significa aumento de precios y decir aumento de precios significa sacrificio y empobrecimiento para el grueso de la población. ¿Pero por qué tiene que suceder esto? ¿Por qué no aumentar los salarios de acuerdo al crecimiento inflacionario? La razón es que se forma una espiral, y si no se toman las medidas adecuadas, resultaría infinita. Más salarios, más aumento de precios, más inflación, más salarios. etc. Lo que hacen los gobiernos para detener una espiral inflacionaria es terriblemente injusto y pomposamente le llaman "plan de choque", lo que quiere decir en pocas palabras es que los salarios se quedan estancados y las finanzas del gobierno se protegen aumentando todos los precios oficiales (gasolina, luz, predial, agua, servicios, autopistas, etc.) muchas veces por arriba de la inflación.

De esa manera un gobierno evita un colapso de sus finanzas públicas, pero empobrece de manera brutal a su pueblo.

Por todo lo anterior se dice que la Inflación que hemos tenido que sufrir todos los mexicanos, es el impuesto más terrible y más injusto que aplique un gobierno a su pueblo, después de todo significa que los ciudadanos tenemos que pagar por los errores en la administración de las finanzas públicas. ¿Cuales son los errores frecuentes? Emisiones excesivas de dinero en moneda nacional sin tener respaldo en divisas o endeudamiento público en proyectos que no son autofinanciables; al menos creo que todo esto es lo que nos ha sucedido en los pasados 30 años.

En los primeros 30 años de 1941 a 1970 la inflación creció 661%, pero en los siguientes 30 años entre 1971 y el año 2000, la inflación ha crecido la terrorífica cifra de 382,395% es decir que los precios se incrementaron 3823 veces más en el período. ¿Increíble verdad?

Y lo peor de todo es que se pudo evitar, al menos la hiperinflación, pues todos los países de una u otra forma tienen cierto aumento paulatino de los precios, cierta inflación, y los Estados Unidos en los años 70's no fue la excepción. En la tabla de

De esta forma la inflación en el período 1971-2000, bien pudo haber tenido un incremento del 337%, muy parecido al que han tenido los Estados Unidos en dicho período. Véase la tabla Devaluación-Inflación, México-USA, 1970-2000 en la última columna, que es donde aparecen los índices de precios al consumidor de Estados Unidos y el incremento acumulado en la última fila.

El significado sería que los precios se habrían multiplicado por 3 veces en vez de 3822 veces.

Salario Mínimo

Hasta 1970 el salario mínimo si era un buen indicador de la percepción real de un grupo importante de la población y además era verdaderamente suficiente para comprar lo mínimo indispensable.

Hoy el indicador está visiblemente distorsionado por la inflación, pero de todas maneras se continúa utilizando como punto de referencia y sirve para demostrar la manera en que han perdido poder adquisitivo el grueso de las clases populares.

En el período estable de 1941 a 1970, tan criticado por la supuesta inequitativa distribución de la riqueza, el salario mínimo creció, como se muestra en segundo término de las columnas de la tabla, muy por arriba de la inflación de dicho período, llegando a un magnífico crecimiento del 1180% al pasar de $2.50 pesos diarios a $32.00 pesos diarios, es decir que se multiplicó 11.8 veces en 30 años.

Como ya dijimos la inflación creció 661% por lo que la relación Salario Mínimo / Inflación arroja un crecimiento real del poder adquisitivo de la población de un 78%

Para que sean comparables, las cifras del siguiente período de 30 años deben expresarse en viejos pesos, es decir sin quitarles los 3 ceros de 1993.

Por lo tanto en el período de 1971-2000, el salario mínimo creció por lo que ya expresamos cuando se habló de la inflación, apenas un 118338%, que contra el 382395% de crecimiento inflacionario representa, en el cacareado período de la justicia social una perdida real de un 69% en el poder adquisitivo del grueso de la población. En pocas palabras, un salario mínimo del 2000, apenas compra el 31% de lo que compraba en 1970. ¿Terriblemente injusto verdad?

Población

El crecimiento de la población es muy importante y en un tiempo se pensaba que una extensión territorial tan grande de terreno como la nuestra, requería de un elevado número de pobladores. Con el tiempo el gobierno se dio cuenta que en primer término no éramos un país rico y que el crecimiento desproporcionado de la población dificultaba brindarles por una parte trabajo decoroso y por otra todo tipo de servicios, desde educación, atención médica, comunicaciones, electricidad, agua y vivienda. A partir de entonces se ha buscado disminuir paulatinamente la tasa de crecimiento poblacional a niveles más manejables y por otro lado aumentar las expectativas de vida de la población mediante mejores servicios médicos, como los que brinda el Seguro Social.

En cuarto término en las columnas de la tabla aparecen las cifras de crecimiento poblacional, pasando en el primer período de 19.6 millones en 1941 a 48.2 millones en 1970, un porcentaje de crecimiento de 145%

En el segundo período ha pasado de 48.2 millones al principio de 1971 a 97.3 millones en el año 2000, un crecimiento menor, por lo que arriba dije, que equivale al 102%

Producto Interno Bruto a precios constantes

En términos generales, el Producto Interno Bruto (PIB) de una nación es el valor monetario total de la producción de bienes y servicios generados en el curso de un año, un trimestre u otro período de tiempo establecido. De allí que cuando nos dicen que el PIB crece, significa que se genera una mayor producción en el período, por el contrario, cuando nos dicen que disminuye significa descenso de la producción.

Indirectamente es un indicador de riqueza o pobreza de un país, pues abarca las cifras de producción de todas las divisiones productivas de una nación, como son la Agropecuaria, Silvicultura y Pesca, la Minería, la industria Manufacturera, la industria de la Construcción, los Servicios de Electricidad, gas y Agua, el Comercio, Restaurantes y Hoteles, servicios de Transporte, Almacenaje y Comunicaciones, servicios Financieros, de Seguros, Inmobiliarios y de Alquiler, servicios Comunales, Sociales y Personales y servicios Bancarios. Es decir cubre toda la gama del aparato productivo de un país. Este término en inglés se conoce como GDP, Gross Domestic Product.

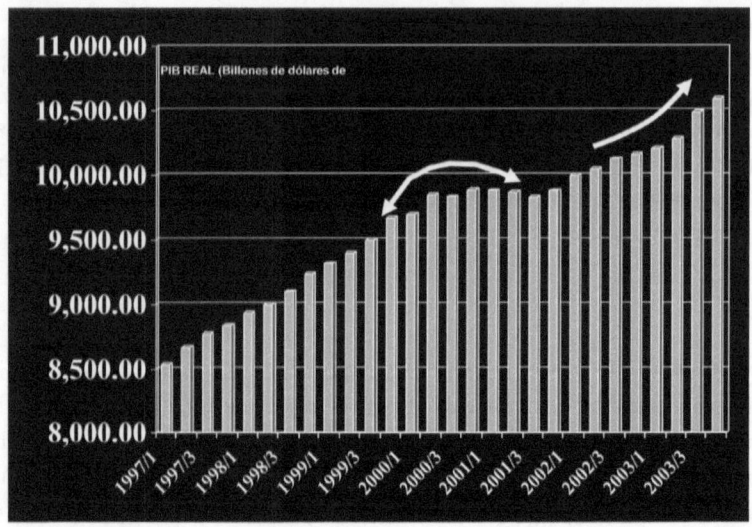

PIB REAL (Billones de dólares de

Fuente: Elaboración propia con base en Nacional Financiera, *La economía mexicana en cifras*; Banco de México, *Indicadores económicos*, varios años.

En términos generales todos los países padecen en mayor o menor grado de inflación, es decir por naturaleza los precios tienden a subir con el paso de los años.

Esto significaría que no sería posible comparar el valor de la producción total, PIB, de un año con respecto a otro a menos que se haga un ajuste por medio de un factor ligado a la inflación que realice la corrección año con año. A este factor se le conoce como Deflactor Implícito y básicamente representa la corrección que se hace de acuerdo a los índices nacionales de precios específicos para cada una de las divisiones de productos incluidos en el PIB. Es decir que no se utiliza el INPC promedio para el cálculo.

Si se toma el PIB de un año como referencia, digamos 1993 como es actualmente, el PIB corriente de los años anteriores o siguientes a 1993, debe ajustarse mediante los factores (deflactores implícitos) que correspondan a cada uno de los años.

A este valor ajustado del PIB se le conoce como Producto Interno Bruto a Precios Constantes.

El año que se usa como referencia para calcular esta modalidad del PIB ha ido cambiando con el tiempo y para un período tan largo como el que se analiza en mi tabla, elegimos a 1970 como punto de referencia por ser el año que aparece en las Estadísticas Históricas del INEGI, página 333, para el período desde 1800 hasta 1995. Por desgracia, esta tabla no cubre por completo el período desde 1940 hasta 1999 que necesitamos y de 1970, salta a 1980 y después a 1990.

En la actualidad existe en Internet otra tabla que cubre el PIB a precios constantes con base en el año de 1980, para un período desde 1900 hasta 1995, pero por razones que desconozco, no es compatible con la tabla anterior. Por tal motivo los valores del PIB a precios constantes de 1976, 1982, 1988 y 1994 en base a 1970, se calcularon multiplicando el PIB del período anterior por el factor de crecimiento del PIB en el sexenio corriente, tomado de la tabla de 1980.

De esta manera se logró que las cifras del período estable coincidan exactamente con las que indica Don Antonio Ortiz Mena en su libro, para los períodos de esa época. En el caso de haber utilizado la tabla de 1980, no habría sido así.

El PIB del año 2000 se calculó en base a un factor de crecimiento del PIB conocido hasta 1999 y que es de 1.14435, multiplicado por un factor de 1.06 para el año 2000, equivalente a un 6% de crecimiento y que parece factible de acuerdo a las expectativas actuales.

Por facilidad el PIB a precios constantes se representó en Nuevos Pesos, es decir se le quitaron 3 ceros.

Producto Interno Bruto a precios corrientes

En la siguiente sección de la tabla, cuando se analice la Deuda Externa se utilizará la modalidad de PIB a precios corrientes, que no es otra cosa que el valor total de la producción expresado en la moneda corriente o vigente en ese año específico. Se puede expresar también en dólares corrientes, dividiendo el valor en pesos corrientes entre la tasa de cambio peso / dólar vigente en ese mismo año.

Producto Interno Bruto por Habitante

En la misma sección de la tabla, una vez calculado el PIB a precios constantes lo dividimos entre el número de habitantes que tenía el país en el año que corresponde y así obtenemos lo que se conoce como PIB por habitante de nuestro país.

Por el contrario de lo que usualmente se imagina, esta variable económica no representa el promedio de lo que realmente percibe cada habitante de un país, pues se obtiene de dividir la producción total entre el número de habitantes, pero sin embargo si es muy importante como punto de comparación. Entre mas alto sea el PIB por habitante de un país indicará mejor situación económica (riqueza) de sus habitantes, por el contrario si es muy bajo representará mala situación (pobreza) de sus habitantes.

Sin embargo la mejor comparación se da al analizar las cifras de crecimiento del PIB por habitante en nuestro mismo país, de un sexenio con el siguiente o el anterior, pues nos dará un punto de referencia para saber si la situación económica de nuestro pueblo mejora o empeora en el período de comparación y de allí la importancia de este cálculo.

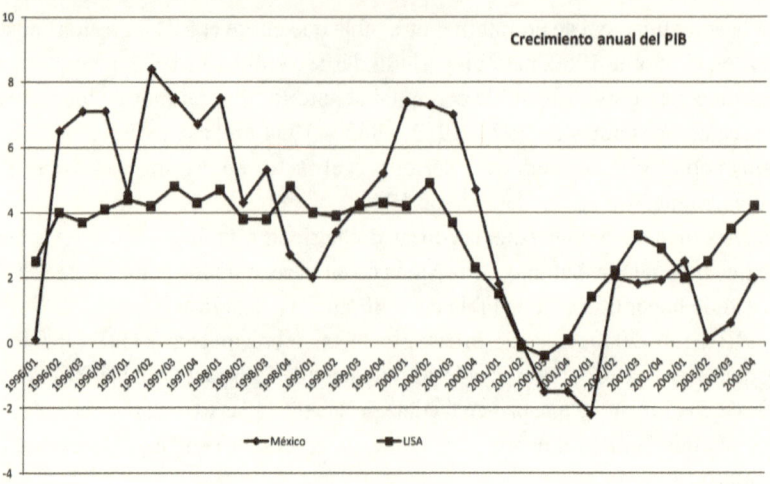

Fuente: Elaboración propia con base en Nacional Financiera, *La economía mexicana en cifras*; Banco de México, *Indicadores económicos*, varios años.

Como el PIB que utilizamos es a precios constantes de 1970, la comparación es válida y al dividirlo entre el número de habitantes del año correspondiente obtenemos en este caso, PIB por habitante en Nuevos Pesos de 1970. Esto desde luego en el año 2000, treinta años después, no nos dice mayor cosa y por lo mismo debemos actualizar el valor obtenido a fin de convertir pesos de 1970 a pesos de 2000 y para ello utilizamos el único mecanismo que tenemos a mano que son los INPC promedio de los años de 1970 y del 2000. Una vez actualizado a pesos corrientes resulta fácil convertirlo a dólares corrientes aplicando también la tasa de cambio obtenida para finales del 2000. En el ámbito internacional se utiliza mucho para fines comparativos el PIB por habitante en dólares y por tal motivo se calcula así en la última columna de esta sección de la tabla.

Pasando a analizar ahora los valores obtenidos tenemos lo siguiente, en lo que se refiere al PIB, en el período estable de 1941-1970 creció de manera global un 535.21% en el período, es de decir se multiplicó 5.35 veces. En el período inestable aunque creció mucho en los dos sexenios populistas, LEA y JLP, tuvo una terrible caída (fue negativo) en el sexenio de MMH, por lo cuál el resultado final en el período 1971-2000, apenas llegará a crecer un 205.88%, es decir mucho menos de la mitad que en el ciclo de crecimiento estable.

En la sección de la tabla de "Lo que pudo ser", quise suponer como muy factible que la economía hubiese seguido creciendo a un ritmo del 40% sexenal (equivalente a un promedio de 5.7% anual) y de tal manera se habría logrado un crecimiento con desarrollo estable del 437.82%, más del doble de lo que fue.

Pasando al PIB por habitante se observa que para el período estable creció 158.86%, mientras que en el período inestable solo pudo crecer un 51.51% en treinta largos años. Que tristeza.

"Lo que pudo ser" nos indica que creciendo el PIB y disminuyendo ligeramente la tasa de crecimiento poblacional, se habría logrado aumentar el PIB por habitante un 216.73%. Es decir aún más que en el ciclo anterior de 1941-1970.

Ya refiriéndonos a la columna de PIB por habitante en dólares del 2000, resulta muy interesante observar como el punto de más alto crecimiento del PIB por habitante, hasta antes de este año 2000, se dio en 1982, cuando el auge petrolero lo llevó hasta 5,253 dólares de 2000 per cápita. Desde allí que fue el verdadero inicio de la crisis que hemos padecido cayó sin haberse podido recuperar hasta el año 2000, en que fue 5,561 dólares por habitante.

La parte más dramática corresponde a "Lo que pudo ser" que nos indica un PIB por habitante de 11,625 dólares por habitante en el año 2000.

El significado de esto último sería que México estaría en primer lugar de América Latina en PIB por habitante, superando incluso a la República Argentina y que superaría a muchos países asiáticos como Taiwán, Corea y Tailandia, estando además muy cerca de países europeos como España y Portugal. Esto desde luego nunca sucedió.

Deuda Externa

La deuda de nuestro país con el exterior, no es nada nuevo, desde el nacimiento de nuestra Patria en 1821 se ha contraído deuda con el exterior por los más diversos motivos, sin embargo como ya mencioné en la primera parte de este trabajo, el presidente Don Manuel Ávila Camacho, logró un excelente convenio con el presidente de Estados Unidos, Franklin D. Roosvelt en los años 40's, que nos liberó de las ataduras de la deuda, reduciéndola a 240.6 millones de dólares.

Pero es interesante ver lo que escribió el periodista J. Jesús Rangel M en una serie de artículos que sobre este tema publicó en Excelsior en marzo de 1987.

"Una vez resueltos los pagos de la deuda externa en 1942 y en 1946, México rehabilitaría su capacidad de pago y solvencia crediticia a escala internacional. Ya en 1956 se hablaría de este triunfo y 6 años después pagaría por anticipado la "Deuda Vieja" y también los últimos abonos derivados de la expropiación petrolera. La época de oro de la estabilidad económica se reflejaría en el endeudamiento, no solo no se buscaría financiamiento foráneo, se rechazaría"

Durante el período de 12 años que correspondió al Lic. Antonio Ortiz Mena, todos los proyectos que requirieron de financiamiento externo debieron demostrar primero la posibilidad de ser autofinanciados por los recursos propios que ellos generaban, por lo mismo, aunque durante dicho período el endeudamiento fue de bastante consideración siempre se mantuvo dentro de límites manejables, de tal manera que no excediera del 10% al 12% por ciento del PIB como puede verse en la tabla.

Durante la etapa de crecimiento estable 1941-1970, la deuda externa pasó de 248 millones de dólares a 4263 millones de dólares, es decir que se incrementó 1618%, equivalente a 16 veces en el período, pero siempre estuvo dentro de niveles manejables en virtud de que el PIB creció de manera sostenida en el período. Lo anterior demuestra que los proyectos financiados con recursos externos en verdad eran autofinanciables dado que la comparación de Deuda Externa a precios corrientes comparada con el PIB a precios corrientes nunca excedió del 12%

Aunque en este escrito, parezca repetitivo tendremos que llegar nuevamente al fatídico 1971, el inicio del sexenio populista de Echeverría para darnos cuenta de que manera vino a crear conflicto en nuestras vidas y en la de nuestros descendientes.

Luis Echeverría inició un proyecto de nación en rápido crecimiento, pero como antes dijimos descuidó la Inflación que condujo además a la devaluación de 1976, pero aunado a ese grave error y no conforme, incrementó 3.6 tantos más la Deuda Externa, 360%, en tan solo 6 años, llevándola hasta la increíble cifra de 19,600 millones de dólares. Esta desastrosa e inconcebible situación hizo que la relación Deuda Externa corriente / PIB corriente subiera por primera vez hasta el 35%.

Nadie podría negar que hubo crecimiento durante el sexenio Echeverría, 41.47%, eso no se discute y de hecho en 1976, último del sexenio Echeverría fue el año en que mi pequeña empresa tuvo mas ingresos de toda su historia. Lo discutible y fácilmente deducible de los resultados fue el hecho de haber empleado recursos externos (prestados) para "gasto corriente" (entre comillas) del país y para la estatización (compra de empresas) de la economía, de otra manera no pueden explicarse las cifras anteriores.

Pero como sabemos no todo terminó allí, su buen amigo López Portillo no quiso quedarse atrás y en el siguiente sexenio, la ya abultada Deuda Externa de 19600 millones creció hasta la espeluznante cifra de 58,874 millones de dólares (algunos decían que más pero esta es la cifra oficial para el 31 de diciembre de 1982), ¡Equivalente al 90% del PIB corriente de 1982!

La historia se repitió y logró aparte de las marcas históricas, hasta ese entonces, de inflación, 459% y de devaluación brusca, 582%, (record vigente) incrementar 2 tantos más la Deuda Externa, un 200%.

Y que me perdone JLP, pero con esos resultados a mí verdaderamente me daría vergüenza presentarme públicamente y emitir opiniones como él lo hace todavía.

La suerte estaba echada y el inicio de esa gran crisis económica de nuestro país comenzaba en ese año de 1982. En los artículos que escribió J. Jesús Rangel M para Excelsior en 1987 y que tituló "Pagó México 80,000 millones de dólares en 6 años" nos describe claramente como sucedió tal cosa: Durante el período de López Portillo se amortizaron 27,593 MMD y se pagaron 28,090 MMD de intereses, mientras que en el período siguiente de MMH se amortizaron 6,874 MMD y se pagaron 21,913 MMD de intereses. La suma de estas cantidades da (tomar aire) 84,470 Millones de dólares que tuvieron que cubrirse en menos de 10 años, según mis cálculos.

Después de 1982, durante 26 meses no hubo quien le prestara un quinto a nuestro país, estábamos en la ruina, éramos insolventes, pero por fortuna ya no podíamos endeudarnos más.

El final de esta historia y para sorpresa de muchos que no creen en Zedillo, es igual que el principio, durante el sexenio de Don Manuel Ávila Camacho, se redujo el endeudamiento externo en un 3%, mientras que en lo que va del sexenio del Dr. Ernesto Zedillo también se ha reducido la deuda externa y para fines de 2000, ha bajado un 1% y equivale a tan solo un 14.17% del PIB para el mismo período.

En la parte de la tabla de "Lo que pudo ser" he marcado supuestos niveles de endeudamiento que podrían haberla mantenido dentro de niveles manejables, sin exceder jamás el 10% del PIB.

Exportaciones

Hablar de Exportaciones implicaría además analizar las Importaciones, el Contrabando y el déficit o el superávit de la balanza comercial, pero este no es el caso. En la última sección de la tabla se han analizado los volúmenes de Exportaciones más que otra cosa para establecer la relación que existe entre la Deuda Externa y las Exportaciones de mercancías y servicios, en ese período.

Quizá este rubro sea de los menos criticables en el análisis del período estable de 1941-1970, con respecto al período inestable de 1971-2000 y esto se debe a que durante la época denominada del Desarrollo Estabilizador, se promovió en exceso la restricción de las importaciones, lo que a su vez afectó las exportaciones de manufacturas por su falta de calidad y precio, siendo entonces México un exportador neto de materias primas.

A partir del sexenio de López Portillo se impulsaron de manera impresionante las exportaciones de la industria petrolera y después en el período de MMH se inició la apertura comercial, impulsando la industria maquiladora y la industria automotriz. Los tratados de libre comercio iniciados por Salinas, entre ellos el más importante el TLCAN (NAFTA por sus siglas en inglés) y continuados por Zedillo detonaron de manera impresionante el crecimiento de las exportaciones de manufacturas llevando a nuestro país a convertirse en el primer exportador de América Latina y superando o quedando muy cerca en este año del nivel de las exportaciones de Corea y España.

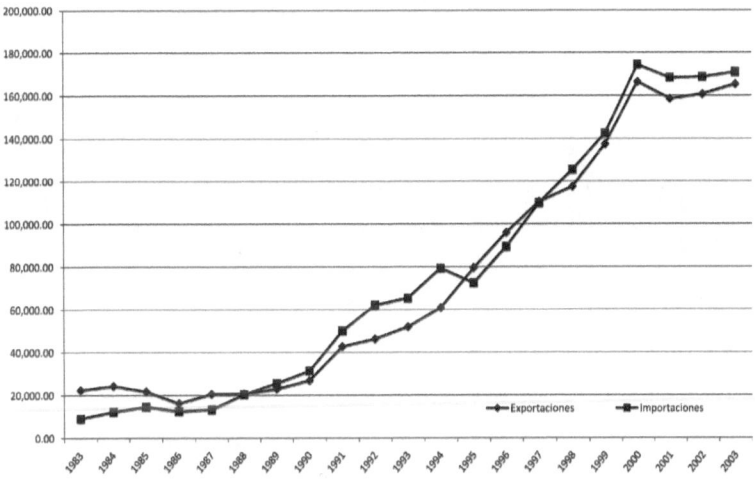

Fuente: Elaboración propia con base en Nacional Financiera, *La economía mexicana en cifras*; Banco de México, *Indicadores económicos*, varios años.

Al analizar la etapa de desarrollo estable de 1941-1970 vemos que en este período las exportaciones apenas lograron crecer un 503% mientras que dentro de lo poco bueno que nos arroja el período de desarrollo inestable 1971-2000, aparece en este rubro un impresionante crecimiento del 12,805%

Por razón natural de tan buenos resultados en la parte de "Lo que pudo ser", en este único caso repito los resultados reales del período por ser más que excelentes, al menos en este aspecto.

Por otra parte puede verse la comparación de la relación Deuda Externa / Exportaciones y aquí se observa que mientras en 1970 la Deuda Externa representaba 3.3 veces las Exportaciones de un año (es decir que se requerían 3.3 años de exportaciones para poder pagar la deuda externa), para 1976 la cifra había aumentado a 5.36 años y para el año 2000 debido al impresionante crecimiento de las exportaciones y de la reducción de la deuda externa del sector oficial, se requiere de solamente 43% de un año, aproximadamente 5 meses de exportaciones para cubrir el total de la deuda externa oficial.

DEVALUACION INFLACION, MEXICO-U.S.A.

| PRES/AÑO | INFLACION % | | | | DEVALUACION % | | | | INPC.MEX | INPC.USA |
	MEXICO	U.S.A.	DIFER %	FAC.INCR.	PARIDAD $	INCR.%	FAC.INCR..	VALUACION		
GDO 1970	4.69	5.72	-0.97	1.000	12.50	0.00	1.00	0.00	0.0245	38.80
LEA 1971	4.96	4.38	0.55	1.006	12.50	0.00	1.00	0.33	0.0257	40.50
LEA 1972	5.56	3.21	2.27	1.028	12.50	0.00	1.00	2.84	0.0271	41.80
LEA 1973	21.37	6.22	14.27	1.175	12.50	0.00	1.00	17.51	0.0329	44.40
LEA 1974	20.60	11.04	8.61	1.276	12.50	0.00	1.00	27.63	0.0397	49.30
LEA 1975	11.30	9.13	1.99	1.302	12.50	0.00	1.00	30.17	0.0442	53.80
LEA 1976	27.20	5.76	20.27	1.566	22.00	76.00	1.76	-11.04	0.0562	56.90
JLP 1977	20.66	6.50	13.29	1.774	22.00	0.00	1.76	0.78	0.0678	60.60
JLP 1978	16.17	7.59	7.97	1.915	23.00	4.55	1.84	4.09	0.0787	65.20
JLP 1979	20.02	11.35	7.79	2.064	23.00	0.00	1.84	12.19	0.0945	72.60
JLP 1980	29.84	13.50	14.40	2.362	24.00	4.35	1.92	23.00	0.1227	82.40
JLP 1981	28.69	10.32	16.65	2.755	25.00	4.17	2.00	37.74	0.1579	90.90
JLP 1982	98.85	6.16	87.31	5.160	150.00	500.00	12.00	-57.00	0.3140	96.50
MMH 1983	80.78	3.21	75.15	9.038	197.45	31.63	15.80	-42.78	0.5676	99.60
MMH 1984	59.16	4.32	52.57	13.789	250.00	26.61	20.00	-31.05	0.9034	103.90
MMH 1985	63.75	3.56	58.12	21.804	475.00	90.00	38.00	-42.62	1.4793	107.60
MMH 1986	105.75	1.86	101.99	44.042	924.00	94.53	73.92	-40.42	3.0436	109.60
MMH 1987	159.17	3.65	150.04	110.122	2209.70	139.15	176.78	-33.31	7.8880	113.60
MMH 1988	51.66	4.14	45.64	160.377	2281.00	3.23	182.48	-12.11	11.9630	118.30
CSG 1989	19.69	4.82	14.19	183.138	2650.00	16.18	212.00	-13.61	14.3190	124.00
CSG 1990	29.93	5.40	23.27	225.757	2948.00	11.25	235.84	-4.28	18.6050	130.70
CSG 1991	18.79	4.21	13.90	257.348	3074.00	4.27	245.92	4.65	22.1010	136.20
CSG 1992	11.94	3.01	8.67	279.659	3121.00	1.53	249.68	12.01	24.7400	140.30
CSG 1993	8.01	2.99	4.87	293.273	3329.00	6.66	266.32	10.12	26.7210	144.50
CSG 1994	7.05	2.56	4.38	306.112	4940.00	48.39	395.20	-22.54	28.6050	148.20
EZP 1995	51.97	2.83	47.78	452.378	7680.00	55.47	614.40	-26.37	43.4710	152.40
EZP 1996	27.70	2.95	24.04	561.133	7860.00	2.34	628.80	-10.76	55.5140	156.90
EZP 1997	15.72	2.29	13.12	634.771	8200.00	4.30	656.00	-3.24	64.2400	160.50
EZP 1998	18.61	1.56	16.79	741.354	9940.00	21.22	795.20	-6.77	76.1950	163.00
EZP 1999	12.32	3.25	8.78	806.454	9600.00	-3.42	768.00	5.01	85.5810	168.30
EZP 2000	8.96	3.39	5.39	849.918	9590.00	-0.10	767.20	10.78	93.2480	174.00
VFQ 2001	4.40	1.55	2.81	873.783	9169.00	-4.39	733.52	19.12	97.3540	176.70
VFQ 2002	5.70	2.38	3.25	902.153	10361.00	13.00	828.88	8.84	102.9040	180.90
VFQ 2003	9.38	1.88	2.06	920.722	11237.20	8.46	898.98	2.42	106.9960	184.30
VFQ 2004/9	3.37	3.04	0.32	923.686	11428.80	1.71	914.30	1.03	110.6020	189.90

INFLACION ACUM 1970-2004 en % = 451983   389

| Pres/Año/Mes | MEXICO | U.S.A. | DIFER % | FAC.INCR. | PARIDAD $ | INCR.% | FAC.INCR.. | VALUACION | INPC.MEX | INPC.USA |
| | I N F L A C I O N % | | | | D E V A L U A C I O N % | | | | | |

		hasta:	SEPTIEMBRE DEL 2004	México	U.S.A.
BASE 1970 = 1.0		% Inflación en 2004		3.37	3.04

| VALUACION HASTA : | SEPTIEMBRE DEL 2004 | VALUACION | 1.03% | COLOR ROJO INDICA SOBREVALUACION |

| TIPO DE CAMBIO DE EQUILIBRIO: | 11.55 | COLOR AZUL INDICA SUBVALUACION |

INPC's son reales hasta: SEPTIEMBRE DEL 2004
La Paridad Peso/Dólar está en Viejos Pesos

En la tabla adjunta, se puede observar la evolución de la Inflación anual desde el año 1970 hasta la fecha actual, tanto en México como en U.S.A. Se toma como base el año de 1970, último de gobierno del Lic. Gustavo Díaz Ordaz, pues se considera a éste, como el final de una etapa de crecimiento estable sin inflación, denominada Desarrollo Estabilizador y prácticamente el fin del que se llamó Milagro Mexicano.

Al tomar posesión del gobierno Luis Echeverría Álvarez en 1971, se inició una nueva etapa de 12 años, supuestamente denominada de Justicia Social, en la cuál se criticaban las políticas anteriores por considerar que existía un injusto reparto de la riqueza. De esta forma dio inicio un período en el que el control de la Inflación *pasó a segundo término* y por lo mismo el diferencial de la misma comparada con U.S.A. comenzó a crecer de manera importante.

Hasta 1970 y por un lapso de 22 años, la inflación en México se mantuvo estable, dentro de un rango de 3 a 5% anual, generalmente igual y quizá, en alguno de aquellos años anteriores al 70, hasta menor que la de Estados Unidos; por lo mismo el tipo de cambio del peso contra el dólar, también se mantuvo estable y a razón de $12.50 pesos por dólar, considerándose al peso como moneda fuerte, incluso para intercambio internacional.

Por el contrario el período de 12 años correspondiente a Luis Echeverría y José López Portillo, se caracterizó fundamentalmente por lo siguiente:

1. Un incremento excesivo del Gasto Público, (Gasto corriente gubernamental), provocó que los egresos excedieran a los ingresos, por lo cuál hubo de financiarse con Deuda Interna, Deuda Externa e Impresión de Billetes.

2. En gran parte, el desequilibrio de las finanzas del gobierno se inicia cuando éste decide acelerar indiscriminadamente, la supuesta Nacionalización de Empresas, de todos tipos, las cuales fueron adquiridas y expropiadas utilizando fondos públicos. Esto sin contar que al ser mal administradas, generaron gigantescas pérdidas y por lo mismo, un mayor déficit presupuestal.

3. También como consecuencia del exceso de Gasto Público, aumentó el Circulante, o sea el total de dinero en efectivo y cheques que circula en todo el país. Esto a su vez genera alto poder de compra y por lo mismo hay incremento en la demanda de productos en el mercado y por la misma razón (ley de la Oferta y la Demanda) incremento de los precios.

4. Con el aumento de precios se inicia el ciclo inflacionario, la gente comienza a perder poder adquisitivo, el gobierno de corte populista decide aumentar los salarios para compensarlo y así se inicia y continúa la espiral inflacionaria sin control.

5. Los aumentos de salarios, nunca son suficientes y jamás logran alcanzar a los precios, por lo mismo el pueblo en general pierde poder adquisitivo. *La Justicia Social no se da* y el injusto reparto de la riqueza amplía más su brecha, los ricos son más ricos y los pobres aún más pobres. (Los ricos se benefician por el aumento generalizado en las tasas de interés que el gobierno se ve obligado a aumentar para evitar la fuga de capitales o bien precisamente por el conocimiento de información privilegiada que les permite cambiar su dinero a dólares, antes de que se de una devaluación brusca de la moneda)

6. La diferencia de inflaciones de México-U.S.A. acumulada durante varios años, sin ningún ajuste del tipo de cambio, sobrevalúa al Peso; es decir el Peso Mexicano, puede comprar mucho más en el extranjero, que aquí. Los productos extranjeros se abaratan y crece el contrabando. Por el contrario las Exportaciones disminuyen, al aumentar los costos de producción y encarecerse la fabricación de productos hechos en México. La entrada de divisas cae y bajan las reservas.

7. Ante la falta de acción oportuna del Gobierno y las tendencias socializantes de la Economía, los analistas económicos observan el crecimiento alarmante del endeudamiento exterior, aunado a la sobrevaluación de la moneda y todo esto da lugar a una compra masiva de dólares, para protegerse de una inminente devaluación de la moneda.

8. Ante la fuga de capitales, se agudiza la crisis, los niveles de sobrevaluación son insostenibles, el Gobierno se queda sin divisas que respalden su moneda y por lo tanto decide devaluar.

9. Una nueva crisis está en proceso . . .

En la tabla, de izquierda a derecha, las tres primeras columnas son auto explicativas, la cuarta nos indica el diferencial que existió en el año, entre la inflación nacional con respecto a la de U.S.A. Como puede verse, no se obtiene restando un porcentaje del otro, sino de la división de factores de incremento. Véanse todas las fórmulas en la hoja de cálculo, desarrollada con Excel.

La quinta columna nos muestra el Incremento acumulado de las diferenciales de inflación anuales. Este factor significa en realidad el **número de veces** que la inflación fue mayor en México, con respecto a U.S.A. a partir de 1970. Es decir se estima que para fines de 1993, la inflación creció 293.27 veces más en México que en U.S.A., o sea un 29327% (*y para fines de 2003 creció 920.72 veces, equivalente a un 92072% más de lo que creció en USA.*) El significado es simple, durante más de 30 años la inflación en México estuvo sin control, mientras que nuestro vecino USA la mantuvo dentro de límites razonables. De allí por lógica, se dieron las devaluaciones de nuestra moneda con respecto al dólar.

Al centro de la tabla, la sexta columna representa el tipo de cambio o paridad peso/dólar que se conservó en $12.50 durante 22 años y hasta mediados de 1976, en que se dio la primera devaluación importante y precisamente fue al final del régimen de Luis Echeverría. Durante los siguientes 6 años, en el período de José López Portillo, el tipo de cambio se puso a flotar manteniéndose la paridad entre 22 y 25 pesos por dólar. Sin embargo en 1982, debido a un fuerte desequilibrio de las finanzas públicas (caída del precio del petróleo, inflación fuera de control, excesivo endeudamiento externo, derroche del gasto publico, estatización y petrolización de la economía, fuga de capitales, etc.), el gobierno se queda con las arcas vacías (sin reservas) y se produce la más fuerte devaluación brusca que jamás se haya dado en México, (500%), pasando el tipo de cambio de $25.00 hasta $150.00 por dólar en un lapso muy corto.

De aquí en adelante la economía mexicana entra en una prolongada crisis, de la cuál, hasta la fecha, (2004) no se ha podido recuperar. El período que siguió del Lic. Miguel de la Madrid, heredó toda una cauda de gravísimos problemas, que nunca se afrontaron con decisión, en ese lapso, por el contrario de lo que pudiera pensarse, se dieron los más altos índices de inflación anual (105.7% en 1986 y 159.20% en 1987) y aparte del deslizamiento permanente del tipo de cambio, (ajuste que se aplicó diariamente o devaluación diaria), se produjo otro ajuste devaluatorio en 1986.

Durante el período del Lic. Carlos Salinas de Gortari, se modificaron radicalmente las políticas económicas, pasando a *primer término la lucha contra la inflación* y el saneamiento y privatización de la economía nacional. La inflación habrá bajado de tres dígitos en 1987 a un solo dígito previsto para este año de 1993. (fue de 8.01% al final del año 1993) y el deslizamiento del tipo de cambio del peso frente al dólar se habrá disminuido de manera substancial.

Es en este punto es donde resulta de vital interés observar el desempeño de las finanzas nacionales, en lo que resta de este año y el próximo, pues el Peso Mexicano se encuentra nuevamente sobrevaluado.

Continuando con la explicación de las columnas de la tabla, encontramos la séptima, que nos muestra el diferencial del tipo de cambio de un año a otro, aquí se puede observar que la más fuerte devaluación anual, se dio (como ya dijimos 500%) en el año de 1982, pero que la más fuerte inflación acumulada en un sexenio, es en el de MMH, de 1983 a 1988.

La octava columna nos muestra, el incremento acumulado de las diferenciales anuales del tipo de cambio y es similar en concepto a la columna cinco, es decir nos indica que para 1993 el tipo de cambio se habrá incrementado 266.32 veces a partir de 1970, (26632%), o sea lo mismo que dividir 3329, tipo de cambio a fines de 1993 entre 12.50, que era el tipo de cambio fijo en el año de 1970. Esta octava columna, también nos sirve para determinar y comprobar, en que sexenio se ha devaluado más el peso y para ello solo basta dividir el valor obtenido en el último año de gobierno, del presidente en cuestión, entre el valor del último año de gobierno del presidente anterior.

Así tenemos:

LUIS ECHEVERRIA A.	1.76/1.00 = 1.76	76%
JOSÉ LÓPEZ PORTILLO	12.00/1.76 = 6.81	581%
MIGUEL DE LA MADRID	182.48/12.0 = 15.20	1420%
CARLOS SALINAS DE G.	266.32/182.48 = 1.43	43% **

Y esto es lo que sucedió después de 1993

CARLOS SALINAS DE G.	395.20/182.48 = 2.17	117%
ERNESTO ZEDILLO P.	767.20/395.20 = 1.94	94%
VICENTE FOX	898.98/767.20 = 1.17	17% ***

*** VICENTE FOX HASTA FINES DE 2003.

Estos mismos valores se pueden obtener si se dividen los valores correspondientes al tipo de cambio al inicio y final del sexenio que se muestran en la columna sexta.

La novena columna de la tabla, es la más importante de todas, pues es la que nos muestra la valuación del tipo de cambio del peso con respecto al dólar. Para entender esto baste decir, que en términos generales en el año de 1970, la inflación en México era muy similar a la de USA. y por lo mismo con un tipo de cambio estable y sostenido por varios años, éste se encontraba en equilibrio, no había ni subvaluación, ni sobrevaluación. No cuento con la información suficiente para analizar datos anteriores a 1970 y por lo tanto he considerado este año como punto de partida, con sobrevaluación nula y que para los fines que se persiguen, es muy representativo.

Es decir cuando el tipo de cambio está en equilibrio, porque las inflaciones de los dos países son similares, podría decirse que los precios también son equivalentes y solo se ven afectados por los aranceles (Impuestos Aduanales) que cada país fija para regular el flujo legal de mercancías importadas o exportadas. Cuando una moneda esta sobrevaluada da lugar a una mayor importación ilegal (contrabando) de mercancías, que resultan más baratas en el otro país. Esto aparte de la importación legal, que también se da con mayor intensidad.

La novena columna se obtiene de la comparación de los valores obtenidos en la octava columna, Incremento acumulado del Tipo de Cambio, con respecto a la quinta columna, Incremento acumulado de la Inflación.

De la comparación se obtiene el porcentaje de subvaluación del peso con respecto al dólar, cuando el resultado es negativo o bien el porcentaje de sobrevaluación, cuando el resultado es positivo.

Analizando el año de 1974 y 1975 obsérvense los valores de **27.63%** y **30.17%** de sobrevaluación que desencadenaron la primera devaluación en 1976, después de 22 años de estabilidad cambiaria. También obsérvense los años de 1980 y 1981 con valores de **23.00%** y **37.74%** de sobrevaluación respectivamente, que desencadenaron en 1982 la devaluación brusca más grande de la historia realizada en un mismo año.

La devaluación de la moneda, no se da tan sólo por este motivo, pues durante el período de MMH, la moneda se devaluó de manera diaria y sostenida, e incluso tuvo un ajuste de regular magnitud en el año de 1986, pero la sobrevaluación del peso sí nos sirve para determinar la posibilidad de una devaluación brusca e inesperada, que es la que más nefastas consecuencias tiene para la economía de las personas y de las empresas.

Es por ello, que conviene analizar, con esta tabla, el rumbo de la economía del país y como sucede en este momento en que la sobrevaluación de la moneda se encuentra ubicada en un 17% a 18%, observar incluso de manera mensual, la evolución de este factor. *(Esta observación del autor se hacía a mediados de 1993, con los datos con que contaba entonces y con ello trataba de enviar una señal preventiva de una futura devaluación, tal cual sucedió en diciembre de 1994.)*

En la Gráfica Sobrevaluación del Peso, México 1970-1993, se puede observar con mas claridad lo sucedido en 1976 y 1982 y como ahora, en 1993, nos encontramos en una etapa de franca sobrevaluación.

Aunque las condiciones de la Economía no son iguales a las de 1982, pues la tendencia inflacionaria es a la baja, las finanzas públicas están equilibradas, la deuda externa bajo control y la reserva de divisas en las arcas del gobierno es saludable, **no debe perderse de vista este porcentaje de sobrevaluación, en los próximos meses y sobre todo en el año siguiente, que es el último de CSG.** *(Esta observación del autor* *en 1993, estaba basada en la situación vigente en ese entonces, antes del movimiento del EZLN en Chiapas y los asesinatos de Colosio y Ruiz Massieu, que obligaron al gobierno de Salinas a promover deuda interna, Tesobonos, con garantía de convertibilidad a dólares a su vencimiento.*

La Grafica inflación, México 1970-1993, (*hoy actualizada*) nos muestra la evolución de la Inflación en México durante los últimos 23 años, (*a la fecha actual*) destacando los picos de 1982, casi 100% con JLP y de 1987 casi 160% con MMH.

VALUACIÓN DEL PESO MEXICANO VS. DÓLAR (1970-2003)

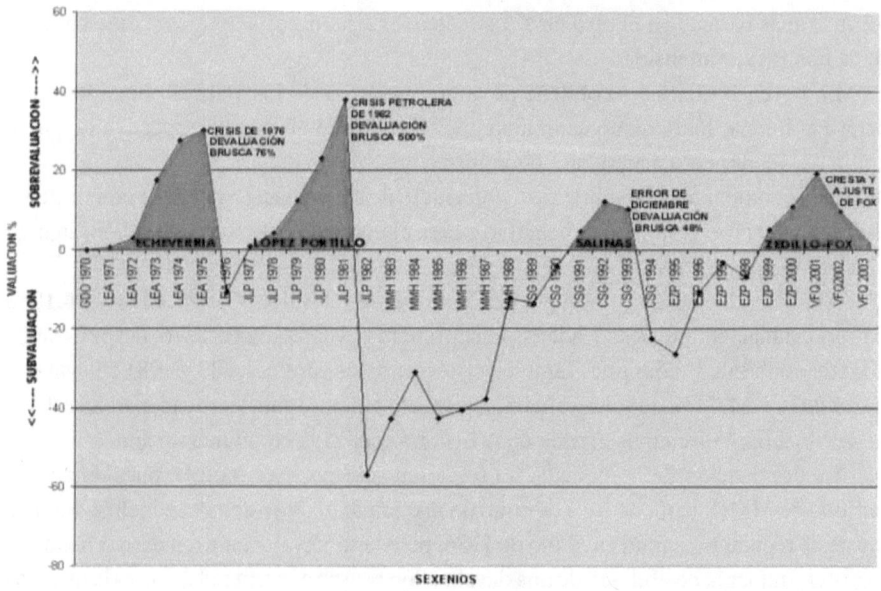

Fuente: Elaboración propia con base en Nacional Financiera, *La economía mexicana en cifras*; Banco de México, *Indicadores económicos*, varios años.

La explicación de la tabla y la gráfica que acaban de ver es bastante simple, pues lo único que hace es comparar el diferencial de inflaciones anuales entre México y Estados Unidos, determinar un porcentaje de crecimiento diferencial y compararlo con el porcentaje de devaluación (o revaluación) de nuestra moneda en dicho período. Como este cálculo se inició en 1970, que fue el último año de desarrollo estable y en el que nuestra inflación incluso fue menor que la de Estados Unidos, podemos decir con certeza que estamos partiendo de una época en la que nuestro tipo de cambio se encontraba en equilibrio, es decir no estaba ni sobrevaluado, ni subvaluado.

Calculando para cada año y acumulando los resultados de los últimos 34 años, obtenemos en la última columna (antes de los INPC) el porcentaje actualizado de valuación de nuestro tipo de cambio. Según los resultados acumulados hasta el 31 de diciembre de 2001, teníamos una sobrevaluación de nuestra moneda sobre el dólar de 19.12%, que fue bastante preocupante, pues mostraba una tendencia ascendente desde el año 1999. Sin embargo ya en la estimación que hicimos para Diciembre 31 de 2002 y de acuerdo con el movimiento del tipo de cambio del peso con respecto al dólar, la sobrevaluación se redujo en el 2002 a 8.84%, lo que desde nuestro punto de vista resultó ser muy positivo, pues alejó la posibilidad de una devaluación brusca. Los acontecimientos de los 3 primeros meses de 2003, en los que el tipo de cambio se vio presionado por los movimientos del dólar y el inminente conflicto con Iraq, produjo que la tasa de cambio se aproximara aún más a su punto de equilibrio real, quedando para fines de febrero apenas con una sobrevaluación de 1.67%. Sin embargo para el 31 de diciembre de 2003 y gracias a una leve recuperación del tipo de cambio a favor del peso, la sobrevaluación retornó a niveles del 2.42%. En los primeros 6 meses del 2004 el tipo de cambio llegó a estar, en términos prácticos, por debajo del punto de equilibrio, al tener una pequeña subvaluación del 1.44% en julio. Esto se dio por primera vez en 6 años. Para fines de septiembre de 2004, el nivel de sobrevaluación es apenas de 1.03% por lo que podríamos decir que se encuentra en equilibrio, pero lo que si resulta preocupante es que la inflación en México, por primera vez en este año, es mayor que la de USA, llegando a 3.37%.

Con color rojo pueden ver los resultados que corresponden a los años en que hemos tenido sobrevaluación y con color azul los que han tenido subvaluación, ante lo cual consideramos que ambos extremos son malos y lo ideal es estar cerca del punto de equilibrio. Si obtenemos la gráfica de valuación del peso, veremos claramente las "crestas" de sobrevaluación que han venido a desembocar en sendas devaluaciones en los años de 1976, 1982 y 1994. La "cresta" de este sexenio llegó a sobrepasar la cresta del "error de diciembre", pero ahora ya tiene una marcada tendencia a la baja y acercándose al punto de equilibrio en agosto de 2003.

Considero que es muy positivo que la sobrevaluación tienda a deslizarse a la baja, pues aleja el peligro de devaluaciones bruscas o inesperadas.

El movimiento de la paridad peso/dólar a la alza, no significa que debamos de correr a comprar los dólares, pues no existe razón de peso que pueda indicar la inminencia de una devaluación brusca. El hecho de que el peso haya perdido valor frente al dólar, dentro de nuestro punto de vista, no refleja una devaluación en sí, por el contrario significa que disminuye el porcentaje de sobrevaluación y tiende a acercarse y posiblemente a mantenerse en posición cercana a su punto de equilibrio.

Es importante sin embargo adoptar una actitud mesurada y desde luego no endeudarse en exceso y mucho menos en dólares y observar mes a mes la tendencia de 2004, que hasta ahora ha sido devaluatoria y del orden de 2.6%.

De acuerdo a esta tabla el tipo de cambio de equilibrio, al finalizar el mes de Junio del año 2004 y de acuerdo al procedimiento descrito es de 11.36 pesos / dólar.

Como ya dije compara 5 sexenios estables, contra 5 sexenios inestables y todas las cifras corresponden al último año de cada presidente y se comparan también con los resultados del último año del presidente anterior.

Está formada por 28 columnas que nos sirven para comparar las siguientes variables de la economía: Tipo de Cambio, Inflación, Salario Mínimo, Población, Producto Interno Bruto a precios constantes, Producto Interno Bruto por habitante, Producto Interno Bruto a precios corrientes, Deuda Externa y Exportaciones.

Además de comparar los incrementos o decrementos de estas variables sexenio por sexenio, también calcula varias relaciones importantes como son: Salario Mínimo / Inflación, Deuda Externa / PIB y Deuda Externa / Exportaciones.

En la parte inferior de la tabla se describen las fuentes de donde se tomaron todos los valores, que hasta donde pude, verifiqué con sumo cuidado. Sin embargo debo reconocer que encontré algunas discrepancias en las cifras de diversas tablas, incluso en las fuentes oficiales. Hasta donde yo supongo esto se debe a diferencias en los procedimientos de cálculo, según la época. En esto fundamentalmente me refiero al PIB a precios constantes.

Cuando terminé de llenar todas las celdas de la tabla y comparé los primeros 30 años de nuestra economía, con los siguientes 30, no pude menos que mover la cabeza en actitud de negación e incredulidad de lo sucedido. ¡Pero como era posible!

Me pregunté por qué razón no se continuó con la política económica de inflación controlada y baja, si en realidad había dado bastante buenos resultados y por el contrario la política de supuesto crecimiento acelerado, sin importar la cifra inflacionaria y la estatización de la economía, nos había llevado al desastre.

Allí estaban claramente las cifras y no pude por lo mismo, resistir la tentación de preguntarme . . . ¿Y que habría pasado si Echeverría no hubiese llegado al poder? ¿Qué habría pasado si la política económica que impulsó Don Antonio Ortiz Mena, con algunas pequeñas variantes y adecuaciones a las distintas épocas, se hubiera continuado aplicando?

Entonces, como dije, no resistí la tentación de llenar todas las celdas de una tercera parte de la tabla a la que llamé "LO QUE PUDO SER" y que no es otra cosa que determinar las variables económicas que describí arriba con los valores que mostraban las tendencias de los primeros 30 años (1941-1970) y en muchos casos con cifras bastante conservadoras. En otros como lo es en la inflación, me basé en la tendencia inflacionaria de los Estados Unidos, para ir más acorde con la realidad.

Los resultados fueron en verdad sorprendentes y no pude menos que sentirme triste . . .

Véanlos ustedes y díganme si no sienten lo mismo que yo sentí . . .

JESÚS SILVA HERZOG DIJO:

El 5 de Mayo de 1998, se publicó en la revista del ITESO con el título *Perspectivas económicas en México* y a la letra dice: Uno de los retos a los que tendremos que enfrentarnos en los próximos años, si de verdad queremos tener más recursos públicos para poder atender mejor las necesidades enormes que tenemos en el país, es el del bajísimo coeficiente tributario. Las razones de este hecho son muy diversas y creo que no es el caso entrar en detalles.

¿Qué va a pasar con los precios del petróleo? Yo creo que no hay nadie que en este momento sepa lo que va a pasar, ¿llegamos al fondo?, ¿van a seguir descendiendo?, ¿van a empezar a subir?, no lo sé, lo que sí sé es que desde un punto de vista estructural predomina un exceso de oferta sobre la demanda de hidrocarburos en el mundo y cuando se da esta situación es muy difícil que los precios se vayan hacia arriba.

¿Qué va a pasar con la exportación de Irak? En donde cambiaron una guerra por una guerrita, por mayores cuotas de exportación de petróleo. Si Irak aceptó una serie de condiciones impuestas por, entre comillas, Naciones Unidas y le dijeron: "si te portas bien te permitimos aumentar tu cuota de exportación petrolera", eso significa que en el mecanismo de libre oferta y demanda, en el mercado más grande en el mundo que es el del petróleo, hay mucha mano negra.

¿Qué va a pasar con la demanda del petróleo en los países del sureste asiático? que atraviesan ahora por circunstancias muy difíciles, ¿qué va a pasar con la política de Estados Unidos en la disposición de sus inventarios? Empezaron a ganar hace unos meses cantidades enormes, ¿van a seguir vendiendo más? Eso significa una presión muy fuerte en los precios, que obviamente los beneficia a ellos porque son los consumidores más importantes de petróleo en el mundo.

Las autoridades mexicanas han reaccionado bien ante la caída de los precios del petróleo. Lo han hecho bien y oportunamente a partir del recorte en el gasto público, que es el instrumento que menos costos puede tener. En el 86, no se pudo hacer eso, sino resolver el problema de la caída del precio del petróleo a través de un endeudamiento con el exterior, y nos endeudamos en los meses de agosto y septiembre por 9 mil millones de dólares, lo cual generó a su vez, problemas en materia de deuda externa en los años posteriores.

¿Qué va a pasar con la crisis del sureste asiático? Todavía no lo sabemos, yo creo que las consecuencias apenas las empezamos a vislumbrar, ¿qué puede acontecer en la economía americana?, ¿en la competitividad del producto asiático con el producto mexicano?, ¿qué modificaciones va a haber en las corrientes financieras del mundo?, ¿va a venir más capital a México?, ¿se va a quedar en Nueva York, en Londres o en Frankfurt?. Son interrogantes cuya respuesta todavía no es muy clara.

Me gusta incorporar, dentro de las interrogantes de corto plazo, el problema del efecto del rescate bancario, en el que estamos involucrados. Según las mejores cifras llevamos comprometidos 60 mil millones de dólares, más lo que se acumule esta semana, ¿qué efectos va a tener esto?. Bajita la mano, si este compromiso del gobierno se financia con recursos internos, implica una tasa de interés del 20 por ciento, dije bajita la mano, 20 por ciento sobre 60 mil, son 12 mil millones de dólares que se van a ir adicionando, año con año, a este compromiso. 50 o 60 mil millones de dólares, hoy en día, son una tercera parte de la deuda externa total del país.

Cuando nacionalizamos la banca en 1982 le pagamos a los banqueros, por indemnización, alrededor de 20 mil millones de dólares. Unos años después el gobierno privatizó la banca y obtuvo un poco menos de 30 mil, muchos rumores sobre operaciones un tanto dudosas. Hoy, en el rescate, ya llevamos 60 mil, esto puede tener, a mi modo de ver, consecuencias financieras económicas y políticas de serias consecuencias en el corto plazo.

¿Qué podemos decir del mediano y del largo plazo? Yo soy un optimista empedernido y creo que las condiciones económicas del país permiten ser optimista en el mediano y en el largo plazo y que volvamos a recuperar tasas más razonables de crecimiento en el mediano plazo, mantener la estabilidad y avanzar en el propósito único que tiene todo esfuerzo, es decir, elevar el bienestar de las grandes mayorías. Sin embargo, no me atrevo a hacer unos comentarios sobre el largo plazo, no hemos sido capaces de pensar, de obtener un consenso sobre la finalidad del esfuerzo que debe de hacer la sociedad y el país en su conjunto. No me refiero a dos años o seis, sino tener una visión de más largo plazo que ha sido una de las claves fundamentales en los países que más han avanzado. Cuando uno va a los países asiáticos se sorprende porque las ideas, la visión es de 25 años, no menos. A un plazo menor lo llaman análisis coyuntural, pasajero, transitorio, al cual no le dan una gran importancia.

En estos últimos 15 años de aplicación de un nuevo modelo económico, liberal, el neoliberalismo, creo que lo hemos llevado al extremo, que debemos de hablar de un neoliberalismo extremo. Durante estos 15 años el país ha llevado a cabo una serie de cambios, de cambios de estructura muy importantes, pero desafortunadamente no hemos crecido, el país ha permanecido prácticamente estancado en estos últimos 15 años. El crecimiento se ha dado por debajo del aumento de población y del aumento de la fuerza de trabajo mexicano, eso significa, en esencia, aumento en el desempleo acumulado, por eso yo creo que en estos próximos años, debemos cambiar el énfasis de búsqueda de la estabilidad y crecimiento macroeconómico, a la búsqueda de un crecimiento más acelerado, sin que vuelvan a ser palabras de uso común diario, "crecimiento", "desarrollo", "expansión". Dejemos de usar, con la frecuencia como lo hemos hecho en los años más recientes, la palabra "estabilidad", y para eso, a mí me parece que deberíamos de utilizar mucho del instrumental de política económica para incrementar el mercado interno, ahí está el sustento fundamental de un crecimiento más acelerado para el país.

La exportación, estupenda, se ha comportado muy bien, en el 95 creció en 32 por ciento, somos hoy un país importante en materia de exportación, pero tiene una derrama interna bastante modesta. 65 por ciento del valor total de la importación en México está representado por insumos, no me refiero a la industria maquiladora, sino a la exportación en general. Todavía somos altamente dependientes en lo que compramos y vendemos. Mientras no tengamos capacidad para incorporar un mayor volumen de componentes internos, la exportación no podrá ser un motor importante de impulso para el crecimiento de este país.

El otro día me contaron una anécdota de un alto funcionario mexicano que llegó a Washington, para hacer un poco la evaluación del grado de cumplimiento ortodoxo que tenían los distintos países norteamericanos sobre la nueva religión en materia económica, o sea, el liberalismo. Digo religión, porque desafortunadamente se ha manejado en muchos países con actitud dogmática, no pragmática. México, durante décadas, fue un país extraordinariamente pragmático. En los últimos años hemos dejado de serlo y nos hemos convertido en dogmáticos. Bueno, nuestro personaje señaló que habíamos reducido la actividad del gobierno en la economía, etc., lo único que se le olvidó decir fue que durante todo este período, que lo habíamos hecho tan bien y ortodoxamente, no habíamos crecido y que el país estaba estancado.

Creo que todos estamos de acuerdo en que el objetivo central básico de una política económica es el desarrollo para el bienestar de las mayorías. Es cierto que en el crecimiento, el desarrollo, a veces se tienen que hacer sacrificios en aras de salir de una crisis, pero llevamos 15 años, donde sólo oímos de crisis, recuperación, crisis, y otra vez lo mismo. En estos 15 años de liberalismo extremo el país no ha avanzado.

Ahora, viendo un poco más a largo plazo, en este período hemos tenido un serio deterioro en las condiciones sociales de nuestra población, todos los indicadores que tenemos que utilizar, en salud, vivienda, reflejan un deterioro en los últimos años. El otro día estaba viendo con tristeza que hay pruebas evidentes de que el tamaño de los recién nacidos estaba disminuyendo, no hay prueba más dramática de que hay una crisis terrible, que los niños nacen con un tamaño más reducido que los que nacían hace veinte años. No cabe la menor duda que durante este período ha habido un deterioro en el poder adquisitivo de los mexicanos y representa un reto para los próximos años. México es un país pobre, la mitad de los mexicanos vive en la pobreza. México es uno de los países menos equitativos en la distribución del ingreso, problema secular desde la época prehispánica, pero hoy hay una diferencia fundamental. Hay una conciencia mucho mayor de este asunto, lo que se va a traducir, en el corto plazo, en mayores presiones sociales y políticas, si no somos capaces de atender el problema con mejor atingencia. La mejor manera de solucionarlo es con educación y educación, no hay otro modo. Otros podrían ser con modificaciones en la estructura del régimen de propiedad, reformas agrarias, pero ya no estamos en esas épocas, hoy en día la solución es educación y empleo.

En educación andamos mal, si comparamos los recursos destinados a educación ahora con los que había hace 20 años, en términos relativos, los actuales son menores.

Yo creo que uno de los grandes retos actuales es la recuperación que la sociedad tiene que hacer de valores, hemos perdido mucho del significado de los valores fundamentales. Hoy vivimos en nuestra entidad, con pérdida de confianza, con pérdida de credibilidad en lo que dice el gobierno y en buena medida con un desaliento, por eso, junto con estos esfuerzos adicionales en materia económica, me parece fundamental actuar sobre valores en la sociedad. Me van a permitir leer una frase de mi padre, hace más de 25 años, que hoy creo que tiene una vigencia particularmente importante. Decía: "la honradez, cuanta falta nos hace en este país, desde muy abajo hasta muy arriba y desde muy arriba hasta muy abajo, qué bueno sería, que fuese posible decir, con un grito de proporciones inmensas, estas dos palabras: "honradez" y "honestidad", y que el eco de estas palabras se repitiera de barranco en barranco, de valle en valle, de montaña en montaña y que se clavara, así, en la conciencia del mexicano y ver si así podríamos avanzar más de prisa en la historia".

Paso a unos cuantos comentarios en materia política. En los últimos años

Hemos pasado por un proceso de transformación en materia política. Hace 15 años era inimaginable ver lo que vemos hoy en día: el 50 por ciento de la población, a nivel estatal o local, gobernada por gente de la oposición. La oposición en la ciudad de México es distinta a la de Jalisco y a la que existe en Chihuahua o Baja California.

Hoy estamos presenciado debates en la Cámara, discusión abierta de la sociedad y un papel de los medios mucho más abierto, más trascendente, más plural, de lo que teníamos hace unos pocos años.

Se ha dado un avance enorme en el proceso electoral, pieza fundamental en el cambio, necesaria, pero no suficiente. Hay mucho por delante, en donde todavía tenemos mucho camino por recorrer: el equilibrio entre los poderes ejecutivo, legislativo y judicial, una verdadera reforma jurídica que nos haga vivir en un estado de derecho, porque hoy todavía estamos dominados en cierto sentido por la inseguridad, no solamente personal, de quienes vivimos en ciertas ciudades, sino por la inseguridad jurídica, los avances fundamentales en el federalismo son insuficientes cuando todavía tenemos un poder tan centralizado, como lo tenemos en nuestro país.

Es curioso pero en el siglo pasado peleamos, perdimos millones de vidas entre los centralistas y federalistas, ganaron los centralistas, y hoy estamos más atrasados, en términos relativos, que en el siglo pasado. Ahí hay un camino enorme por recorrer, necesitamos una política más precisa, los partidos políticos, hoy en día, requieren una actitud mucho más precisa de su valor, de su ideología, de sus principios básicos. ¿Qué es ser priísta hoy en día?, ¿el que está en favor de la nacionalización de la banca o el que está en favor de la privatización de la banca?

Ambas medidas fueron aplaudidas por el PRI, ¿dónde está la verdadera estructura de lo económico?, ¿cuál es el papel del estado en esta sociedad distinta?, ¿debe dejar que todo lo resuelva el mercado? o ¿debe de intervenir para corregir deficiencias?, ¿hasta donde? Hacen falta definiciones más claras. Creo que en estas épocas que estamos viviendo se requiere también una mayor transparencia en las decisiones del gobierno, y una mejora enorme en materia de comunicación social, por parte de las autoridades. El día de hoy toda la sociedad tiene un gran interés en la cosa pública, en lo que acontece, en el Fobaproa, en el TLC. Hasta hace poco esto era materia, casi exclusiva, del interés de unas cuantas personas. El proceso de comunicación social, sin embargo, lo que explican, sus prácticas, siguen siendo las anteriores. Lo que requerimos en estos años es un cambio muy importante, en la manera en que se llevan a cabo estas cuestiones.

Por último, México ha sido un país que siempre mira para adelante, los mexicanos no tenemos temor del pasado, sino que siempre pensamos qué vamos a hacer el año que entra y lo hacemos con confianza y optimismo. En las últimas fechas, creo que empieza a aparecer una cierta nostalgia, puede haber una cierta pérdida de confianza y una cierta pérdida de optimismo, pero yo estoy convencido que pronto vamos a recuperar la confianza, en la historia que nos depara el destino.

LA SUSTITUCIÓN DE IMPORTACIONES.

La crisis del capitalismo de 1929 significó para las economías latinoamericanos, un replanteamiento en sus estrategias de crecimiento. El derrumbe del sector exportador, consecuencia inmediata de la escasa demanda de materias primas por la industria norteamericana, se tradujo en la expansión de la crisis hacia América Latina, provocando cambios notables en las economías de enclave que hasta entonces habían sustentado el crecimiento económico regional.

El problema de fondo que se planteo entonces, fue ¿Cómo seguir en el camino del crecimiento? La respuesta dada por países como México, Argentina y Brasil que tenían una infraestructura económica construida en los sesenta años previos a la crisis, y que además contaban con un importante mercado interno, es decir que un porcentaje importante de la población tiene capacidad

De compra, consistió en iniciar la transformación de materias primas que ya producían, en productos manufacturados. Para hacer posible este proceso se requerían ciertas condiciones que se dieron al inicio de los años cuarentas en el caso mexicano. El régimen cardenista dejó como herencia la nacionalización de la industria petrolera, de los ferrocarriles, la creación de la Comisión Federal de Electricidad, que aunque con limitada participación en la generación y distribución, sentaba las bases para el control estatal de este importante energético, sobre estas medidas de índole nacionalista se sustentó el nuevo modelo de crecimiento, sin embargo la coyuntura que hizo posible iniciar la producción manufacturera nacional fue la segunda guerra mundial, pues creó una creciente demanda externa que duplicó las exportaciones mexicanas entre 1939 a 1945. Los productos de mayor demanda en el exterior en el período señalado, fueron textiles y productos químicos; al mismo tiempo la guerra limitó las importaciones de manufacturas creando de esa forma espacios favorables para los empresarios nacionales que con amplio apoyo del Estado participaron en el proyecto denominado desde entonces Sustitución de Importaciones, que consistía en producir internamente los artículos manufacturados que antes se importaban.

El conflicto mundial impidió la competencia exterior a la incipiente producción mexicana, sin embargo concluida la guerra, se hizo evidente la presencia de productos extranjeros de mayor calidad y mejor precio que rápidamente acaparaban la preferencia de los consumidores en detrimento de la industria mexicana, ante tal situación el gobierno mexicano puso en práctica una serie de medidas proteccionistas entre las que destacan, el aumento de aranceles a la importación de manufacturas que ya se producían internamente, créditos a través de NAFINSA y exenciones fiscales; de esta forma la producción industrial contó con un mercado cautivo, que no tuvo otra opción más que consumir productos caros y de mala calidad. Este paraíso creado por el Estado para beneficio del empresariado nacional se prolongó hasta 1985, cuando el entonces presidente Miguel de la Madrid Hurtado, ante el evidente fracaso del modelo de crecimiento, decide poner fin al proteccionismo económico y por ende a la Sustitución de Importaciones, pues era obvio que la producción nacional cara y de mala calidad no soportaría la competencia de los productos extranjeros.[2]

Ávila Camacho 1941-1946.

El primer contacto indirecto de mi familia con un presidente de la república (en realidad fueron dos presidentes) fue en el año de 1943.

A mi abuelo, quien pasaba gran parte de su tiempo en la capital, le tocó ver pasar en un carro descubierto de color negro a dos presidentes, Manuel Ávila Camacho de México y Franklin Delano Roosevelt de los Estados Unidos de América.

Fue un hecho histórico, durante la Segunda Guerra Mundial, Roosevelt vino a México para negociar con el Gral. Manuel Ávila Camacho varios asuntos clave en aquel entonces, como era el petróleo mexicano, que su predecesor Lázaro Cárdenas había atinadamente expropiado en 1938, la entrada simbólica de México al lado de los países aliados a la II Guerra Mundial y créditos y renegociación de la deuda externa mexicana, que fueron de gran beneficio para el país y que lo sacaron del terrible bache en que lo dejó Don Lázaro, con sus doctrinas socialistas.[3]

Claro que eso no lo comprendía entonces, pero supe de esa manera lo que significaba la figura presidencial, había mucha gente en las calles que vitoreaba y aplaudía a los dos presidentes.

El papel del Estado mexicano en las políticas de crecimiento y desarrollo en el México posrevolucionario es relevante: bajo la Política de Masas aplicada por Cárdenas, el Estado organiza en una estructura corporativa a las fuerzas productivas y rescata la riqueza petrolera creando condiciones favorables para lograr el crecimiento económico interno; a partir de 1940, el Estado amplía su función de promotor del crecimiento económico y el desarrollo social, sólo que ahora bajo un proyecto político distinto al aplicado por su antecesor, buscando conciliar a grupos sociales enfrentados en el período anterior: patrones y trabajadores; dicho propósito se logra a través del proyecto político conocido como La Unidad Nacional, anunciado por Manuel Ávila Camacho en su toma de posesión el 1 de diciembre de 1940. La implementación de un proyecto semejante sólo sería posible fomentando la representación tripartita entre patrones, obreros y gobierno, teniendo a este último como árbitro de los conflictos entre los factores de la producción, asegurando soluciones sin graves conflictos. El

---

[2]   Tomado del libro Los Gobernantes de México desde 1821, editado por el Gobierno de Nuevo León en 1984

[3]   La Historia y sus Protagonistas de Ediciones Dolmen, S.L.

contexto en que se anunciaba el proyecto anterior era favorable; la segunda guerra creaba una atmósfera que reclamaba la unidad de todos los mexicanos en torno a las políticas del Estado; como respuesta a este llamado, una semana después de que el gobierno mexicano declaró la guerra al Eje en junio de 1942, se firmó un pacto de unidad obrera, en él los trabajadores renuncian al recurso de la huelga, como medio para buscar la solución a los problemas laborales, aceptando el arbitraje del Estado. Sometido el movimiento obrero sólo faltaba el concurso de empresarios nacionales y extranjeros para iniciar el modelo de crecimiento basado en la sustitución de importaciones.

Las medidas de fomento implementadas por el gobierno de Ávila Camacho para arrancar la sustitución de importaciones fueron de índole económica y política, entre las primeras encontramos: La construcción de infraestructura económica adecuada que proporcionara algunos insumos como energéticos (petróleo y electricidad), transporte adecuado, materias primas, alimentos y diversos servicios a precios baratos, tarifas arancelarias que protegieran los productos manufacturados nacionalmente, un sistema de crédito amplio y flexible, exenciones fiscales para las empresas de reciente creación, etc. Además de realizar inversiones directas en empresas manufactureras, en 1942 el gobierno adquirió a través de la nacional financiera, una participación minoritaria de Altos Hornos de México, S. A. práctica que, con los años habría de repetirse como una forma de tranquilizar a los inversionistas, quienes lo veían como un seguro contra riesgos.[4] En lo político se llevaron a cabo una serie de reformas tendientes a crear una atmósfera de tranquilidad para el sector privado, receloso de las políticas aplicadas por el Estado, que incluyeron al Partido de la Revolución así como a la legislación laboral. El primero de los cambios en el partido se dio en diciembre de 1940 al anunciar el ejecutivo de la república la desaparición del sector militar, como una muestra de la estabilidad alcanzada por el sistema político mexicano; al iniciar el año de 1943, en la Convención Nacional del PRM en Guadalajara se constituyó el sector popular del partido, a través de la CNOP (Confederación Nacional de Organizaciones Populares) dicha medida tenía un doble propósito: por un lado se buscaba abrir un gran campo que aglutinara a las capas medias de la sociedad cada vez más heterogénea, esencialmente urbana formada por comerciantes, industriales pequeños y medianos, cooperativistas, maestros, propietarios agrícolas, empleados, burócratas, profesionistas, etc. que obviamente no quedaban encuadrados en el sector obrero o campesino y por otro lado, esa amplia base popular sería a partir de entonces la base social del partido, desplazando al sector obrero; medida que resultaba más acorde con los proyectos de industrialización en el contexto capitalista, eliminando del partido la imagen radical que lo acompañaba desde sus orígenes.

---

[4]   Instituto de Educación de Aguascalientes

ALEMÁN VALDÉS 1947-1952.

A la salida de Ávila Camacho, llegó Miguel Alemán y a raíz del gasto desordenado de los fondos públicos la familia de mi abuelo paterno por primera vez, conoció lo que la gente llamaba: la Devaluación de la moneda. Esto que debió ser en 1948, llevó el Dólar que valía entonces $4.85 pesos, hasta $6.25 o $6.35 pesos, es decir se dio una devaluación del orden del 30%, entrando el tipo de cambio en una etapa de "flotación" (igual que ahora), al haberse retirado el Banco de México del mercado.[5]

El peso continuó su caída al darse la clásica fuga de capitales y el tipo de cambio vino a estabilizarse para 1949 en $8.65 pesos por dólar.[6] [7]

La gente estaba furiosa, el periodista Pinó De Sandoval sacó a la luz un periódico opositor al régimen que se llamaba PRESENTE y todo mundo lo compraba, incluyendo mi abuelo, para poder leer las críticas y acusaciones a Miguel Alemán.

Poco duró el gusto, pues Alemán mandó clausurar el sitio donde se imprimía aquel semanario y claro, dejó de darle papel para que se imprimiera, pues el Gobierno tenía una empresa, PIPSA, que controlaba toda la venta de papel para periódico. La dictadura era perfecta.

Por entonces Agustín Lara había compuesto un chotís denominado "Madrid", que se hizo famoso incluso en España. La gente para desahogarse le cambió la letra y recuerdo que decía algo así:

"Miguel, Miguel, Miguel, en México se piensa mucho en ti . . ., por el bajón que ha dado la moneda, por tantas COSAS BUENAS QUE DESEAMOS PARA TI . . . y vas a ver lo que es canela fina, armar la TREMOLINA, si continuamos así . . ."

Tiempo después Miguel Alemán se sacaría la espina e iniciaría una etapa de expansión económica que realmente fue el principio del México moderno que hoy vivimos. Presas, carreteras como la Panamericana desde Cd. Juárez a El Ocotal en Chiapas, ferrocarriles, televisión, desarrollo de la Zona Industrial de Tlanepantla, el Centro Urbano Miguel Alemán, el Centro SCOP, la construcción de la autopista a Cuernavaca, el desarrollo turístico de Acapulco y la majestuosa Ciudad Universitaria, fueron algunos de sus más importantes legados.

El gasto desordenado y la ayuda desmedida a sus amigos fue el sello de su mandato y por lo tanto la inflación tuvo altibajos importantes, sobre todo en 1951 que llegó hasta el 24%.

---

[5] Tomado del libro Los Gobernantes de México desde 1821, editado por el Gobierno de Nuevo León en 1984

[6] Gobernantes de México de Fernando Orozco

[7] Suárez Dávila Francisco Política Hacendaria y Economía en el México Posrevolucionario.

Para ese entonces, 1948, mi padre tenía 13 años y por lo mismo no le importaba mucho, mejor digamos que nada, si nuestra moneda o la inflación subía o bajaba, pues la verdad no traía ni un quinto en la bolsa, salvo su abono del tranvía.

En la casa sin embargo, las cosas no debieron ser iguales, dado que la inflación (palabra desconocida entonces por el grueso de la población) acumulada en el período sexenal de Miguel Alemán fue del 73%, mientras que el incremento de salario nominal mensual que tuvo el abuelo entre 1947 que era de $521.20 y hasta 1952 que era de $718.00, apenas llegó a un 37%. Ello lo obligaba a que trabajara, a pesar de ser empresario tiempo extraordinario por las tardes y durante bastantes años.

En el sexenio siguiente Miguel Alemán Valdez, continuó su política de incentivos a la industria y el comercio por medio de un programa nacionalista conocido como la Doctrina de la Mexicanidad, a través del cual se invitaba a los mexicanos a consumir los productos fabricados nacionalmente, a la vez que se afinaban las medidas proteccionistas a través de un sistema de licencias para controlar la importación de productos extranjeros. Hubo otras acciones encaminadas a promover la inversión en el campo, la primera fue la reforma al artículo 27 constitucional, introduciendo dos elementos que dieran tranquilidad a los propietarios agrícolas: el derecho de amparo en litigios agrarios y un criterio distinto al aplicado hasta entonces para considerar a un predio como pequeña propiedad; la idea de establecer límites variables de acuerdo a las características de su explotación, además de las crecientes inversiones del gobierno en obras de irrigación que aumentaran la superficie cultivable dotada con agua para riego. Junto a esta serie de medidas se continuó con la política agraria iniciada en el sexenio anterior de restringir el reparto agrario.

En el sexenio 1946—1952, se afianza la sustitución de importaciones basado en la producción de bienes de consumo no duradero, debido a tres factores: el proteccionismo económico establecido por el Estado, perfeccionado por medio de un sistema de licencias, que para 1947, protegía a 5000 productos de la competencia exterior, el crecimiento del mercado interno y la llegada de empresas extranjeras, sobretodo norteamericanas de ensamblado y producción de artículos diversos, que implicó la expansión y modernización de la industria nacional. Este crecimiento sostenido de la economía nacional estuvo acompañado desde sus orígenes por una tasa igualmente creciente de inflación alimentada por el gasto público y los depósitos extranjeros en bancos nacionales, provocando una constante alza en los precios de los artículos de primera necesidad, resultado del crecimiento inflacionario, que junto a las devaluaciones ponía en tela de duda al milagro económico iniciado diez años antes. En estas condiciones iniciaba su gobierno Adolfo Ruiz Cortines, el 1° de diciembre de 1952, las primeras acciones estuvieron dirigidas a controlar el proceso inflacionario; entre las más notables citaremos: la aplicación de una política económica austera, importación de alimentos para evitar que los precios siguieran incrementándose debido a su escasez, se estableció el control de precios a los artículos básicos, se prohibieron los monopolios y se implementó un programa agrícola que produjera alimentos suficientes, además devaluó el peso estableciendo una paridad de 12.50 centavos por un dólar, medida que aunque dolorosa, incrementó las exportaciones y desalentó la importación.

RUIZ CORTINES 1953-1958.

La llegada de Don Adolfo Ruiz Cortines a la
Presidencia de acuerdo con las prácticas de aquella época,
fue por discrepancias entre los "Notables" que reunidos
solían decidir quién habría de suceder a Miguel Alemán
en el poder. Comentaba el abuelo con sus hijos mayores,
entre ellos mi padre, que hubo discrepancias entre los
ex-presidentes y Miguel Alemán y para evitar el choque
optaron mejor por Don Adolfo.

Recuérdese que el "gallo" de Alemán era su primo
Fernando Casas Alemán, que ya para entonces tenía hasta
la propaganda electoral impresa, dando por un hecho que él sería el "bueno".

Parece ser que Lázaro Cárdenas se inclinaba por el Gral. Henríquez Guzmán y de
allí la elección de un candidato neutral.

El PRI nombró su candidato a Don Adolfo Ruiz Cortines (El viejito, como le decía
la gente) y una Coalición de izquierda el FPP, encabezado por Lombardo Toledano,
Cándido Aguilar y otros nombraron a Henríquez Guzmán como su candidato, el PAN
lanzó a Efraín González Luna.

No todo paró allí, pues al día siguiente de las elecciones el lunes 7 de julio de 1951,
los partidarios del FPP, Federación de Partidos del Pueblo se reunieron en el Hemiciclo
de Juárez para celebrar la Fiesta de la Victoria de Henríquez Guzmán y de allí continuar
la manifestación rumbo al Zócalo, por Av. Juárez y Madero. Una fuerte represión
de los granaderos usando gases lacrimógenos y vehículos del ejército disolvió a los
manifestantes, no sin el susto y la crítica de todos los ciudadanos que accidentalmente
circulaban por esas calles y que fueron vejados y golpeados por igual.

En lo personal recuerdo no recuerdo esos hechos, pues no estuve allí, fue muy
criticada la intervención de las fuerzas represivas.

Para entonces tenía mi padre ya 16 años y lógicamente todavía no votaba, había
terminado su Pre vocacional (secundaria) y estudiaba ya el primer año de Vocacional
(prepa), tampoco se daba cuenta ni entendía nada de aquellos asuntos políticos, solamente
escuchaba los comentarios del abuelo cuando platicaba con otros parientes. Su educación
prominentemente técnica lo alejaba de manera absoluta del Humanismo, su mente estaba
saturada de procedimientos matemáticos para resolver ecuaciones diferenciales o de
integración, complicados dibujos de geometría descriptiva y claro su más cara ilusión
de terminar pronto la que sería mi carrera de Arquitectura. Prefería desde luego irse a
ver los juegos de fútbol americano, que enterarme de la vida política y el desempeño
del "viejito" Ruiz Cortines.

Pero al menos y también gracias a la costumbre de mi abuelo de leer el periódico
diariamente, me mantenía informado de los grandes encabezados a 8 columnas en los
cuales generalmente se apoyaba de manera absoluta la política del régimen.

En cierta forma considero que el gobierno de Ruiz Cortines no fue malo y aunque me daban mucha risa, algunas de sus propuestas nacionales, como aquella muy famosa de la "Marcha hacia el Mar" en la que imaginaba al "viejito" encabezando a todo su equipo y "caminando" sobre las olas rumbo hacia el mar, en el fondo comprendía lo valioso que habría sido, si ese programa se hubiese vuelto realidad y no hubiese quedado como un simple y llano alarde publicitario.

Se dice que Ruiz Cortines logró meter orden en el gasto público y creo que fue verdad, pero el eterno pero, a él y a su gobierno debemos otra de las funestas devaluaciones de la moneda nacional, sobre todo por lo absurda y brusca que fue y por la mala fe con que fue planeada.

El primer año de Don Adolfo, según lo he podido leer en el reciente libro que publicó Don Antonio Ortiz Mena y que se llama "Desarrollo Estabilizador, reflexiones sobre una época", fue un año de estancamiento económico, muy bajo el crecimiento del Producto Interno Bruto y algo insólito, ¡una inflación negativa!

Es decir en 1953 tuvimos Deflación, los precios bajaron 1.9 %, pero la economía solo creció un 0.3%.

El tipo de cambio estaba firme en $ 8.65 y el gobierno en si no tenía ninguna presión devaluatoria, pero el gabinete económico y el presidente de la república, tuvieron la genial idea de que con una devaluación de $8.65 a $12.50 pesos por dólar, se le daría un tremendo "chicotazo" a la economía (palabras textuales del entonces secretario de Hacienda, Don Antonio Carrillo Flores) y vaya que tuvo razón . . . la fuga de capitales fue tremenda y las reservas del Banco de México se redujeron a la mitad.

La parte más triste de este asunto fue que todo se planeó de manera secreta, e incluso al resto del gabinete se le hizo creer que la situación del país era muy buena, los periódicos difundieron los boletines de prensa en dicho sentido y cuando todo mundo pensaba que el país marchaba por el camino correcto y había que tener confianza . . . "sácatelas" el 17 de abril de 1954, en pleno "sábado de Gloria", el gobierno anunció la devaluación a $12.50.

La supuesta ventaja de encarecer las importaciones y abaratar las exportaciones, nadie la entendió, creó más desconfianza y la gente siguió comprando dólares caros, haciendo bajar drásticamente las muy exiguas reservas de aquel entonces.

El trauma del "sábado de Gloria", quedaría marcado en la mente de todos los sectores de la población, aquel engaño, aquella mala fe con la que se actuó, perduró y causó desconfianza hasta nuestros días. Considero que fue un tremendo error de Don Adolfo, haber devaluado de manera brusca y sorpresiva.

Sin embargo los resultados finales de Don Adolfo le fueron favorables, hizo crecer la economía durante su sexenio en un 48.7%, mantuvo el tipo de cambio estable en $12.50 en los siguientes 5 años de su gobierno y mantuvo las finanzas públicas en equilibrio, obteniendo un superávit en la relación Ingreso-Gasto en todos los años.

Para mi padre, aquella etapa sexenal de Don Adolfo había representado la conclusión de su carrera de Arquitecto en la más prestigiada escuela del país, a los 21 años de edad

43

y con un bastante buen promedio de calificaciones. Lo más valioso de todo era que no le había costado, aparte de su esfuerzo personal, absolutamente nada. La cuota simbólica y además voluntaria era de solamente $ 50.00 ¡anuales!

Por si esto fuera poco, desde antes de salir de la escuela ya teníamos varias ofertas de trabajo y a él se le ofreció una beca para estudiar en el extranjero (donde yo quisiera), que me vi precisado a rechazar. La verdad es que tenía mucha fe y esperanza en lo que podría lograr si se quedaba aquí y por otra parte sentía que el esfuerzo desarrollado por su padre había sido muy grande y era la hora que debía empezar a retribuirle un poco de todo lo que él le dio.

Entre los hombres del gabinete de Don Adolfo Ruiz Cortines, había dos que pasaron a la historia como muy buenos funcionarios públicos: Don Antonio Ortiz Mena, que ocupaba la Dirección del IMSS y Don Ernesto P. Uruchurtu que ocupaba el puesto de Regente del Distrito Federal.

De Ortiz Mena hablaremos después, pero permítanme decirles que a Uruchurtu tenemos que reconocerle que en esos seis años de su primer gobierno de la ciudad de México, verdaderamente le cambió la fisonomía, pues construyó el Nuevo Rastro y Frigorífico de Ferrería, el Nuevo Mercado de La Merced, los Mercados de La Lagunilla y un gran número de Mercados de Zona que erradicaron totalmente el ambulantaje que proliferaba por todas las calles de la ciudad, con el consiguiente mal aspecto e insalubridad que hasta entonces teníamos que padecer. El cambio de la ciudad fue tan radical que Don Ernesto dejó huella imperecedera en nuestros recuerdos, pues nos enseñó de qué manera se deben administrar los recursos, escasos recursos, de la gran ciudad para hacerla lucir como nunca, entre bellos camellones cubiertos de dalias y fuentes de agua cristalina en la mayoría de los parques.

Es evidente que Don Ernesto no tenía que salir en la televisión diciéndonos como ahora "Para una gran ciudad, grandes BABOSADAS", las obras y la limpieza estaban a la vista de todos y muchas otras que no se veían tanto como la limpieza del alcantarillado se hacían de manera programada para tratar de evitar las inundaciones en épocas de lluvias.

Siento que todos los ciudadanos estaban muy contentos y orgullosos de él.

Al "viejito" Ruiz Cortines, decía mi abuelo y posteriormente mi padre que su médico de cabecera, que en este momento no recuerdo su nombre, le había inyectado "glándulas de mono", porque el señor salió mas rejuvenecido que cuando entró, pero lo que yo pienso más importante al término de su mandato, fue que entregó una economía bastante sana a su sucesor y un país estable. Por otra parte una vez que salió del gobierno el señor dicen que continuó con su vida habitual y era frecuente encontrarlo jugando dominó en el Café de la Parroquia de Veracruz, su estado natal.

CRECIMIENTO CON ESTABILIDAD 1958-1970

Las medidas anti-inflacionarias aplicadas por el régimen de Adolfo Ruiz Cortines mostraron sus efectos favorables; a partir de 1956 se logró detener el crecimiento de los precios y el peso mantuvo fija la paridad de 12. 50 frente al dólar, desde los primeros meses de 1954. Estas condiciones, además de la política austera y racional de gasto público fueron la base del período de crecimiento sostenido vivido por la economía nacional en la década de los sesentas.

El crecimiento con estabilidad, en el contexto de la sustitución de importaciones, corresponde al intento de la industria nacional por avanzar en el proceso de diversificación, pasando de la producción de bienes de consumo masivo a la producción de bienes intermedios y de capital; es la etapa en que se pierden los rasgos nacionalistas con que nació el proyecto industrial, apareciendo cada vez más claramente las industrias transnacionales, dominando sectores claves de la economía nacional; es la etapa de progresos notables en el sistema político nacional, a través de reformas como la creación de los diputados de partido en 1963, que brindó a la oposición la oportunidad de formar parte de la Cámara de Diputados y participar en la toma de decisiones de índole política y económica, es en suma la etapa del desarrollo estabilizador, en que, tras la aparente prosperidad se incuban los gérmenes del movimiento de 1968.

EL MILAGRO MEXICANO.

Etapa de crecimiento sostenido que se inicia en 1940, prolongada hasta 1968 en la cual se dan niveles de crecimiento del 6% anual en promedio, crecimiento superior al aumento de la población, que para dicho período fue del 2.5%. Para ejemplificar el nivel de crecimiento anteriormente señalado veamos los datos siguientes tomados de la obra El Milagro Mexicano de Fernando Carmona:

"la producción de ácido sulfúrico creció 19 veces, la de sosa cáustica más de 170 veces, refrigeradores eléctricos 7.7 veces, lavadoras eléctricas 14.2 veces, estufas de gas 47.7 veces, la producción de derivados del petróleo 16 veces, la producción de acero 20 veces, nuestra industria siderúrgica se colocó como la segunda en América Latina sólo superada por Brasil, la producción de cemento 15 veces. En el México moderno los patrones de consumo han cambiado: los fregaderos, los molcajetes, las hieleras, los metates, los braseros, los calzones de manta, los petates, sólo podrán encontrarse en museos o estarán fabricados, como la mayoría de los productos antes importados, en poderosas factorías "nacionales.""

Entre los factores que hicieron posible el Milagro Mexicano deben considerarse: una estructura bancaria nacional, el crecimiento del mercado interno estimulado por las acciones del Estado, las condiciones externas favorables creadas por la segunda guerra y finalmente el costo social que implicó el apoyo al sector privado por parte del Estado a través del gasto público. No todas las acciones se tradujeron en buenos resultados, pues aunque la producción creció y se diversificó, también hay que considerar que el apoyo del Estado al nuevo modelo de crecimiento trajo efectos negativos a largo plazo para la economía nacional; por una parte el incremento del proceso inflacionario y por otra el constante déficit presupuestal, en constante crecimiento, nos dejarían devaluaciones como las de 1948 y 1954 que pondrían en tela de juicio el crecimiento económico logrado.

Como ya se señaló el crecimiento económico logrado, estuvo acompañado desde sus inicios por un constante proceso inflacionario, hasta que en 1956, el entonces Presidente de la República, el licenciado Adolfo Ruiz Cortines aplicó una serie de medidas orientadas a reducir y controlar la inflación que menguaba los frutos del crecimiento económico anteriormente descritos. A partir de ese momento se iniciaba un período de estabilidad caracterizado por la paridad cambiaria sin modificaciones, (12.50 desde febrero de 1954 hasta agosto de 1976) entre el peso y el dólar estadounidense y la casi inmovilidad de precios.

El entonces secretario de Hacienda y Crédito Público, Antonio Ortíz Mena, en su ensayo titulado El Desarrollo Estabilizador, Una Década de Estrategia Económica en México, publicado en septiembre de 1969, refiriéndose a lo anterior expresó: "el crecimiento medio anual del producto interno bruto real ha sido superior al registrado en el periodo precedente y ha tenido la tendencia a acelerarse; el crecimiento medio de los precios ha sido sensiblemente inferior al del volumen de bienes y servicios; se ha mantenido la paridad del tipo de cambio en condiciones de libre convertibilidad y ha mejorado paulatinamente la participación de los sueldos y salarios en el ingreso nacional".

El período denominado Milagro Mexicano, significa además el cambio del México rural, agrario, al México moderno e industrial. Sin embargo se debe señalar que el crecimiento logrado no fue armónico ni equilibrado y representó un cambio en la composición y distribución de mano de obra, pues disminuyó la población ocupada en la agricultura, al desplazarse hacia la industria, servicios, transportes y burocracia.

Esta situación aunada a las políticas agrarias favorables al reparto agrario, que creaba inseguridad en la tenencia de la tierra, provocaron que al finalizar la década de los sesentas, México tuviera que importar alimentos, además el apoyo del Estado al sector empresarial, comercial y financiero provocaría una polarización de la riqueza generada en los años de estabilidad, preparando el ambiente social y político para el estallido de diversos conflictos ocurridos al final de la década de los sesentas.

LÓPEZ MATEOS 1959-1964.

Para fines del 57, ya Don Adolfo habría elegido a su sucesor. Por primera vez en su vida, mi padre tendría que salir a votar, pero en verdad en aquel entonces no le causaba mayor emoción, pues se daba por hecho que como de costumbre, el partido en el poder sería el ganador.

La verdadera elección, el famoso "destape" lo hacía el presidente, que cuando más escucharía la voz de algunos de los ex-presidentes. Para esta ocasión el "viejito" manejó con discreción su elección y para sorpresa de muchos "el tapado" resultó ser nada menos que el Secretario del Trabajo, Don Adolfo López Mateos.

Así que una vez conocido el nombre del candidato del PRI, de hecho conocíamos ya el nombre del futuro presidente, pues la oposición era débil. El candidato del PAN fue Don Luis H. Álvarez.

En aquel entonces mucha gente en realidad votaba por el PRI porque estaban contentos con su desempeño, pero a pesar de la promoción que se le hacía e incluso la amenaza de que si no votabas no podrías salir del país, pienso que el principal ganador de las elecciones era muy seguramente el abstencionismo, es decir la falta de interés por votar.

Como suele suceder el gobierno de Ruiz Cortines encaró un año de elecciones especialmente difícil, pues en vez de las 100 o 150 huelgas anuales hubo más de 700, provocadas todas ellas por células de agitación del Partido Comunista Mexicano, entre ellas las más inquietantes la de los telegrafistas, la de los maestros encabezados por Othón Salazar y la de los ferrocarrileros encabezados por Vallejo y Valentín Campa. Esta última tuvo que ser reprimida por la fuerza pública en algunas de sus manifestaciones callejeras.

Diría una mentira si les dijera que mi padre recuerda vívidamente aquellos movimientos de agitación, pues en esos meses tanto mi padre como sus amigos, habían iniciado una "sociedad estratégica" (como se diría ahora) con una persona muy bien relacionada, de tal manera que pudiéramos tener mejores oportunidades de conseguir contratos. Aquello les daba un mejor ingreso que se aproximaba a los $3,000.00 mensuales de aquella época (unos $14,400.00 actuales)[8]

En lo familiar para fines de 58 la situación era bastante buena, mi papá seguía administrando el negocio familiar con muy buenos resultados, pero él prefería no tomar dinero de allí y si reinvertirlo o acumularlo. Como dije mi padre formaba parte de una sociedad, ganaba bien y había invertido en el enganche de la que fue nuestra primera casa propia, lo cual lo liberaba a de la carga de la renta y algunos otros gastos.

---

[8]   Banxico y www.mexder.com.mx

El 6 de julio de 1958 fueron las elecciones presidenciales en las que Adolfo López Mateos resultó triunfante con un 90.6% de los votos emitidos, mientras que la oposición apenas si logró un 9.3% del total.[9]

La llegada de López Mateos al poder trajo para México el inicio de una muy excepcional etapa de crecimiento económico que después adoptó el nombre de "Desarrollo Estabilizador".

Esta etapa de crecimiento sostenido con bajos niveles de inflación y tipo de cambio estable, fue planeada por el Lic. Antonio Ortiz Mena, quien vino a ocupar el cargo de Secretario de Hacienda. De hecho, ocupaba el cargo de Director del IMSS en el período de Ruiz Cortines y encabezó el equipo de transición entre los dos gobiernos estableciendo las directrices de la macroeconomía del país, para poder prolongar por seis años más, los 5 años de crecimiento estable que había logrado ya el presidente Ruiz Cortines.

Aunque hoy a la distancia pudiera parecer fácil, en realidad no lo era así, pues el entorno internacional en el cuál se desenvolvía la economía de nuestro país no dejaba de ser preocupante.

Para los que no lo saben o no lo recuerden, era una época denominada de "guerra fría" entre las dos grandes potencias mundiales, la URSS en la cúspide de su poderío económico, militar y tecnológico encabezada por Nikita Krushev y los Estados Unidos enfrascados en la polémica guerra de Vietnam, con la inminente llegada de John F. Kennedy al poder y además con la duda respecto a la superioridad numérica, de entrenamiento y disciplina de los ejércitos rusos sobre los propios.

Aunado a todo esto América vivía con sorpresa la culminación de la Revolución Cubana y el encumbramiento de Fidel Castro como líder moral y hombre fuerte del movimiento. Una política equivocada de los Estados Unidos decidió darle la espalda y negarle la ayuda y reconocimiento que Castro les solicitó en primer término. Kennedy comete otro error y apoya una invasión de Cuba pésimamente planeada y denominada de Bahía de Cochinos, misma que Castro repele con bastante facilidad.[10]

Este hecho en 1961, provoca que Castro vuelva la cara hacia la URSS y declare que la revolución cubana es de corte comunista e inicia la expropiación de las propiedades de norteamericanos en la Isla.

Si de por sí, México ya había sufrido el embate de los agitadores comunistas incrustados en los grandes sindicatos del país en 1958, López Mateos inicia su mandato e inmediatamente, en enero de 1959, resurge el movimiento ferrocarrilero declarando un paro nacional y acciones de sabotaje en la operación de los trenes, para lo cual se ordena la intervención del ejército y la detención y encarcelamiento de los lideres Campa y Vallejo y la expulsión del país de dos funcionarios de la Embajada de la URSS en México.

Al llegar Castro al poder y declararse comunista, pide Estados Unidos que todos los gobiernos de América Latina rompan relaciones con Cuba, pero México es el único

---

[9]   Krauze, Enrique. México: Biography of Power. New York

[10]   Carta de Cuba, la escritura de la libertad

país que no lo acepta y no solo continúa las relaciones sino que mantiene en operación la única ruta aérea que comunica Cuba con el continente americano, mediante los vuelos de Mexicana de Aviación.

Por si fuese poco, diputados y senadores hacen declaraciones en el sentido de que México es un país de "izquierda", Corona del Rosal pretende corregir y dice que de "atinada izquierda" y para rematar López Mateos declara que es de "extrema izquierda, pero dentro de la Constitución".

Tiempo después López Mateos decide nacionalizar la Industria Eléctrica, liquidando a los inversionistas extranjeros, principalmente a los de la Cía. de Luz y Fuerza del Centro que de manera privada abastecía toda la parte central del país, por cierto a una frecuencia distinta del resto, pues era de 50 ciclos / segundo.

Debe de resultar muy claro al que lea estas líneas, que todas estas señales enviadas por el gobierno eran totalmente contradictorias con la política económica de estabilidad que pretendía ponerse en marcha, pero que por fortuna Don Antonio Ortiz Mena pudo contrarrestarlas y evitar así que los inversionistas extranjeros y nacionales retiraran sus capitales del país y pudieran provocar una devaluación brusca de la moneda y que de hecho era lo que pretendían los agitadores comunistas apoyados por la URSS.

La disciplina férrea en el gasto público de Don Antonio, permite que el país siga creciendo, pero sin endeudarse de manera excesiva y manteniendo la inflación con niveles realmente bajos durante todo el período sexenal y además el tipo de cambio permanece sin cambio.

Los resultados globales del sexenio fueron 47.8% de crecimiento, es decir un aumento del PIB del 6.73% anual promedio, inflación acumulada en los 6 años de 14%, lo que significa ¡apenas un 2.28% ANUAL!

El tipo de cambio se mantiene fijo durante los 6 años en $12.50 por dólar y el endeudamiento externo al final del sexenio, 1964, alcanza la suma de 1723 millones de dólares equivalente a menos del 8% del PIB del mismo año. El déficit del gasto público federal promedio anual en el sexenio es de 1.45%.

El presidente López Mateos da un impulso grande al IMSS que construye clínicas, hospitales, casas de la asegurada, centros deportivos, teatros y guarderías en todo el país, unidades habitacionales como la de Santa Fe y la Unidad Independencia y además el Centro Vacacional de Oaxtepec y la terminación y puesta en marcha del grandioso Centro Médico Nacional.

El Banco de Obras Públicas y el ISSTE construyen el Centro Urbano de Nonoalco-Tlatelolco, que en su tiempo podía alojar dentro la población total de la ciudad de Querétaro.

La CFE construye, entre otras, la gran planta hidroeléctrica de Infiernillo, en su tiempo de las más grandes de Latinoamérica y las redes de transmisión de alto voltaje para abastecer el centro del país. La nacionalización de la industria permite que el gobierno llegue con las redes de distribución eléctrica hasta los poblados más pequeños, mismos que la iniciativa privada no quería abastecer.

PEMEX construye la nueva refinería de Ciudad Madero y amplía otras como la de Salamanca.

Se construyen las autopistas de 4 carriles de Puebla y de Teotihuacán, se amplía a 4 carriles la carretera directa México-Querétaro, se construye la carretera directa Querétaro-Celaya y se ponen en servicio los transbordadores entre Mazatlán y La Paz en Baja California.

A través de la Secretaría de Educación, López Mateos da su apoyo absoluto a la construcción de la Unidad Profesional del IPN en Zacatenco adonde se trasladan la ESIME y sus Laboratorios, con esto se celebra el 25 Aniversario de la fundación del Instituto y el presidente López Mateos en su último año de gobierno, asiste (único que lo ha hecho) a un juego Poli-Universidad en Ciudad Universitaria en donde recibe, ¡de ambas tribunas! una de las más calurosas bienvenidas que me haya tocado presenciar, para después dar la patada simbólica del inicio del juego.

Don Ernesto P. Uruchurtu permanece por otros 6 años en el puesto de Regente de la Ciudad de México y continúa su magna obra, principalmente con la construcción de importantes obras viales como la terminación del Viaducto Miguel Alemán, la vía rápida sobre Calzada de Tlalpan y el primer tramo del Anillo Periférico.

La ciudad de México se convierte en la mejor iluminada del mundo de acuerdo con el número de unidades instaladas y la calidad de las mismas que se substituyen por lámparas de vapor de mercurio y fluorescentes de alta potencia. Se construye la ampliación de Chapultepec y el parque de diversiones.

El Arq. Ramírez Vásquez proyecta y construye el nuevo Museo de Antropología e Historia de Chapultepec, reconocido entre los mejores del mundo en su época.

A Don Adolfo López Mateos, la gente dio por llamarlo "López Paseos" pues se dio tiempo para establecer extraordinarias relaciones con los principales mandatarios del mundo, viajando por Norteamérica, Europa, Sudamérica y el Oriente. Igualmente a México llegaron los estadistas más importantes de la época como fueron John F. Kennedy y su esposa Jackie que recibieron apoteótica recepción y después el Gral. Charles De Gualle de Francia.[11]

México con todo esto, logra conseguir la sede de los Juegos Olímpicos de la XIX Olimpiada y a la vez de la Copa Mundial de Fútbol Mexico70.

Después de todo esto ya sabrán quién ha sido mi presidente favorito.

La ruta de México parecía luminosa y esperanzadora.

En verdad que vivir así era maravilloso, pues aparte de haber condiciones para prosperar, había estabilidad económica y una absoluta seguridad en las calles, los negocios, las casas y las carreteras.

Claro que había mucho contraste si las comparábamos con las de Bajío 335, 5o. piso que antes ocupábamos, pero al menos acá lo sentíamos más nuestro y sobre todo más real. Allí en ese tapanco estuvo mi oficina por 11 años.

---

[11]   SEXENIOS IN A CHANGING WORLD By Jim Tuck ©1999

Mientras tanto y antes de continuar el relato, que desde luego trataré de sintetizar lo más posible, creo estar seguro de que si alguno de ustedes y a pesar del aburrimiento, haya logrado llegar hasta aquí, habrá empezado a captar cuál es la idea que trato de transmitir a la gente joven que no vivió en aquellos días o a los que de plano los han olvidado y es en el sentido de que, al menos desde mi punto de vista, los gobiernos del PRI no siempre fueron una mala opción. De hecho hubimos muchos que así llegamos a pensarlo por muchos años.

México crecía con rapidez, había problemas es cierto y entre otros a mi padre le parecía absurdo que no fuera posible importar equipo especial que en realidad no se fabricaba en México, pero que algunas empresas y con pésima calidad decían fabricarlo. Eso, que se denominaba pomposamente la "substitución de importaciones" era uno de los puntos débiles del "Desarrollo Estabilizador". Se pensaba que protegiendo a las pequeñas empresas mexicanas de la competencia exterior sería más fácil garantizar su supervivencia y disminuir la salida de divisas por concepto de importaciones. Era evidente que no era la solución, pues sin competencia exterior, la calidad de los productos nacionales, salvo algunas excepciones, era en verdad muy baja y además los precios muy altos.

Pero a pesar de aquello, la estabilidad económica del país le brindaba a pequeñas empresas como la nuestra, los "changarros" como dice Fox, la posibilidad de desenvolverse con pocos riesgos, pues los salarios mínimos se actualizaban cada dos años e igual cosa sucedía con las listas de precios de los fabricantes. Podías dar tu presupuesto y ejecutar el trabajo sin preocupación, sabiendo que la inflación no excedería de un 2 a 3 por ciento en el año y el tipo de cambio estaría fijo en $12.50.

Otra maravilla de la época, era que la empresa, pagaba un impuesto sobre la renta en base a un porcentaje del 3% sobre los ingresos totales y "san se acabó". No había cálculos complicados, ni obligación de llevar libros ni monsergas, solamente pagar un 3% de impuesto al fisco sobre lo que facturabas, presentando declaraciones mensuales. También aparte se pagaba un 4% sobre ingresos mercantiles que se incluía en la factura y se cobraba al cliente. Cuándo lo veo en retrospectiva no lo puedo creer, ¡era tan sencillo! López Mateos terminó su mandato en 1964.

DÍAZ ORDAZ 1959 1964.

El sucesor Don Gustavo Díaz Ordaz, no era simpático, era un poblano dientón y feo, a mi padre en lo personal no le agradaba mucho su presencia, pero cuando había tenido la oportunidad de escuchar sus discursos de campaña le había dado cuenta de que Dios nunca se olvida de ninguno de nosotros y a él, a Don Gustavo, le había dado una voz fuerte y sonora que aunaba con impresionantes dotes de orador, manteniendo así la atención de quién lo escuchaba.

Según nos muestra Díaz Ordaz ganó su elección con un 88.6% de los votos y apenas un 11% de la oposición. Claro y como dije antes, había poco interés por votar y seguramente que el gran ganador seguía siendo el abstencionismo.

Pero como ya llevábamos un buen trecho, 11 años, sin sobresaltos, ni devaluaciones, no era tan importante quién gobernara si se mantenían las condiciones adecuadas para el crecimiento del país y todo indicaba, además, que así seguiría siendo. Al menos eso creían todos . . .

Don Gustavo tuvo varios aciertos en la selección de su gabinete, pero para mí lo fundamental era que repetía en la Secretaría de Hacienda, uno de los hombres mas reconocidos y que había demostrado habilidad para conservar la estabilidad del país en el sexenio anterior, aún a pesar de los devaneos de la "atinada izquierda", me refiero a Don Antonio Ortiz Mena.

De igual manera Don Gustavo dejó al "Regente de Hierro" (Dick Tracy como ya lo conocía toda la población) Don Ernesto P. Uruchurtu. ¡Sería su TERCER SEXENIO!

Y al menos durante los 3 primeros años del gobierno de Díaz Ordaz, 1965-1967, las cosas marcharon tan bien como todos habíamos supuesto y el país siguió creciendo con estabilidad y con tasas de crecimiento superiores al 6% anual, la inflación controlada por debajo del 3% y el tipo de cambio fijo a $12.50 por dólar.

En verdad el negocio familiar había crecido al ritmo de nuestro país, pero el esfuerzo y el sacrificio también habían sido muy grandes, se había requerido de una disciplina muy estricta en el gasto.

El problema radicaba en que en muchas ocasiones el trámite de pago de una estimación duraba hasta ¡NUEVE MESES! y changarros como el nuestro, aunque

Para entonces ya era S.A. de C.V., se las veían negras para salir adelante, sobre

Todo si se toma en cuenta que nuestro negocio, se inició con un capital de tan solo $1,000.

Para los años de 1961 a 1964 ya se habían tenido ingresos promedio de 1.5 millones anuales, equivalentes a unos 7 millones actuales y resultaba bastante complicado financiar algunos trabajos que se ejecutaban Para ello requerían reinvertir hasta el último centavo y estirar el crédito que les daban los proveedores, pues nunca recurrieron a los bancos.

Lo único que hacía soportable la espera de los pagos era el hecho de que nuestro dinero no se devaluaba y cuando finalmente lo recibían . . . compraban lo mismo. Todo ello gracias a que Don Antonio, estaba allí en Hacienda, realizando con eficiencia y pulcritud su trabajo.[12]

La vida tenía que seguir y nuestro país y nuestra empresa siguieron adelante y estables durante 1966 y 1967.

Para 1968 todo parecía ir muy bien, estábamos a la espera de los XIX Juegos Olímpicos y México era el primer país latinoamericano que tendría el honor de

---

[12]   SEXENIOS IN A CHANGING WORLD By Jim Tuck ©1999

organizarlos (de hecho y a la fecha sigue siendo el único), hasta que un día del mes de julio de ese año, un grupo reducido de jóvenes estudiantes de la Vocacional 2 del Politécnico tuvieron a bien pelearse a pedradas con los de la Preparatoria Ochoterena, incorporada a la UNAM en las cercanías de la plaza de La Ciudadela. Nadie habría imaginado que aquel incidente callejero desencadenaría un conflicto tan complicado y tan costoso en vidas, que estuvo a punto de causar la cancelación de los Juegos Olímpicos.

Este no es lugar para comentar el conflicto de 1968 en detalle, pero sirva nuevamente para ejemplificar porqué un mal manejo de una situación, al principio muy sencilla, condujo al país al borde de la desestabilización. Díaz Ordaz era un hombre enérgico, pero además obstinado y desde el inicio de su sexenio mostró su actitud autoritaria y cerrada con el conflicto de los médicos que trabajaban para el Seguro Social y Salubridad. Unidos organizaron un movimiento que perseguía como único fin que les fueran aumentadas sus percepciones. Díaz Ordaz se negó a negociar y sofocó el movimiento con la fuerza pública, hasta nulificarlo sin darle solución.[13]

Había órdenes estrictas de no permitir desordenes callejeros y aquella tarde de julio cuando unos jovenzuelos se peleaban a pedradas por problemas estudiantiles, el presidente estaba fuera de la ciudad y Corona del Rosal que ya era el Regente (Uruchurtu renunció en 1966) ordenó la entrada de los granaderos de la policía, que haciendo lujo de violencia, golpearon a placer a los estudiantes y además penetraron a las escuelas, incluso a la Prepa de la UNAM, por lo cual violaron la autonomía universitaria.

Esta actitud absurda, prendió la chispa, que continuó con posteriores agresiones e invasiones a escuelas de la UNAM, incluyendo después la intervención del ejército para derribar la puerta de la Prepa de San Ildefonso, con un disparo de Bazooka (el famoso Bazookazo).

Eso fue el colmo de la insensatez de Corona del Rosal y de Echeverría, que como Secretario de Gobernación y en ausencia del presidente, fue quién solicitó la entrada del ejército.

Imagínense como fue posible que Díaz Ordaz dos años después lo nombrara candidato a la presidencia por el PRI. En verdad que no lo entiendo . . . todavía

La testarudez de Ordaz y los errores garrafales del Regente y el Secretario de Gobernación, fueron dejando crecer el conflicto (me parece recordar algo parecido que sucedió en la UNAM hace unos meses, ¿no creen?) hasta llegar a la intervención de la UNAM por el ejército y la terrible matanza de Tlatelolco del 2 de octubre de 1968.

Nuevamente quién se llevó las palmas durante esta crisis fue el Secretario de Hacienda, Don Antonio Ortiz Mena, que al igual que lo hizo con López Mateos, sacó adelante la economía del país, a pesar de los graves disturbios y mantuvo la estabilidad en los precios y el tipo de cambio y por si fuera poco logrando un crecimiento del 8.7 % durante ese año. Tiempo después el presidente reconocería que quién se había hecho

---

[13] Diversos Diarios, noviembre de 1963

merecedor a la mejor medalla durante los Juegos Olímpicos recién terminados, era su inteligente y eficaz Secretario de Hacienda.

Ahora también, ya sabrán quién ha sido mi Secretario de Hacienda favorito, el Lic. Antonio Ortiz Mena, que aún vive y tiene ya más de 90 años de edad. Gracias a él México vivió una de las etapas, quizá la más larga, de estabilidad económica. Si a sus 12 años de desempeño en Hacienda, le sumamos 5 años de Ruiz Cortines y 5 años de Echeverría sin devaluaciones, forman un largo período de 22 años de tipo de cambio fijo y de crecimiento sostenido, aunque la Inflación ya en el período de Echeverría dejó mucho que desear.

Esta larga etapa de crecimiento se dio con gobiernos emanados del PRI que en cuatro sexenios consecutivos multiplicaron el crecimiento del país por 4.25 veces, es decir 425%.

Es por eso que en aquellos años y como lo dije antes, algunos, o muchos quizá, estábamos de acuerdo con las políticas gubernamentales.

En mi caso lo estuve hasta la salida de Díaz Ordaz, a pesar de su testarudez, porque lo que sucedió después, fue en realidad el inicio de la crisis que vivimos hasta nuestros días. La inconcebible llegada al poder del nefasto de Luis Echeverría . . .[14]

Adolfo López Mateos y Díaz Ordaz, 1958 1970 representan los sexenios del Desarrollo Estabilizador período que registró un incremento anual del producto interno bruto alcanzando el 6.5 % mientras que la inflación creció a sólo el 3 % anual en promedio, más bajo que el índice inflacionario en los Estados Unidos[7] Para lograr estos niveles de crecimiento el Estado continuó cumpliendo su papel central como promotor del crecimiento a través de la inversión pública que llegó a representar el 45% de la inversión total, además siguió construyendo infraestructura y proporcionando al sector privado bienes y servicios producidos en empresas paraestatales a precios subsidiados, con un importante incremento de la deuda pública. En esta etapa la sustitución de importaciones pasa de producir bienes de consumo masivo a la producción de bienes intermedios, situación que muestra nuevos progresos en la sustitución de importaciones. Sin embargo el crecimiento alcanzado en el llamado Milagro Mexicano, aunque sostenido no fue equilibrado, pues mientras la industria manufacturera y el sector servicios crecieron de manera notable, la agricultura, silvicultura, pesca quedaron rezagadas; lo mismo se observa si comparamos el desarrollo entre regiones, entre Campo y ciudad; o entre sectores sociales beneficiados con el crecimiento económico.

AGOTAMIENTO DEL MODELO DE CRECIMIENTO Y CRISIS DEL ESTADO PROTECTOR 1970-1982.

A principios de la década de los setenta los gobiernos electos en México, Argentina y Chile, países de América Latina que en años anteriores habían alcanzado un significativo grado de desarrollo, emprendieron una serie de medidas que modificaron

---

[14]   Artes e Historia México

los esquemas políticos y económicos aplicados en la década anterior. En términos generales se puede afirmar que los cambios pretendían lograr: una mejor redistribución del ingreso, ampliar el mercado interno, romper la dependencia tecnológica, económica y financiera con el exterior, así como ampliar la participación del Estado en asuntos de orden económico.

En los regímenes establecidos en los países citados anteriormente representados en México por Luis Echeverría Álvarez, en Chile por Salvador Allende Gossens y en Argentina por Juan Domingo Perón en su segunda presidencia, pueden observarse algunos elementos que explican la orientación de las reformas emprendidas:

a) El rechazo a las políticas económicas vigentes, que dejaron desprotegidos a amplios sectores sociales.

b) La identificación en mayor o menor medida de los gobernantes con los principios de la doctrina marxista.

c) El crecimiento de los grupos de izquierda.

d) El rechazo popular al intervencionismo de los Estados Unidos en América Latina.

e) La influencia del comunismo como alternativa política—económica real para los países atrasados, dada la influencia que a nivel internacional tenía la URSS y en América Latina, el régimen cubano.

Los regímenes de izquierda en el cono sur tuvieron una efímera existencia, la experiencia chilena y argentina terminaron trágicamente al ser derrocados por el ejército y sustituidos por dictaduras militares, lo mismo había sucedido en Brasil a mediados de los sesenta; el caso mexicano fue distinto, pues el control que la presidencia ejerció desde 1952, (en que el general Miguel Enríquez Guzmán, candidato derrotado en las elecciones desafió al orden establecido) le permitió a Echeverría contar con el apoyo y la lealtad del instituto armado. Además en la política mexicana, según opinión de algunos analistas, el régimen de Echeverría confirmaba la validez de la ley del péndulo vigente desde los años cuarenta (aplicable hasta 1982). Según esta ley, no escrita por supuesto, a un período o presidente con tendencias de centro derecha como fue el caso de Gustavo Díaz Ordaz, debía sucederlo un presidente con tendencias contrarias, de esta forma el espectro político y los grupos sociales en su entorno resultaban beneficiados por la acción presidencial, conservando el sistema la aceptación de amplios y diversos sectores sociales. Por su orientación política y económica al sexenio echeverrista puede ser considerado un parte aguas en la Historia de México; veamos los planteamientos siguientes:

a) Significa el inicio del período en que la presidencia estará en manos de burócratas (1970-1982) ya que tanto Echeverría como López Portillo, llegaron al poder sin haber ocupado anteriormente puestos de elección popular.

b) Significa el fin de la simbiosis Estado—empresarios, característica de los años del Milagro, a través de la cual los intereses de los grupos políticos y económicos estaban asegurados. El cambio trajo como resultado que el gobierno dejara de consultar las medidas de política económica y fiscal con las cúpulas empresariales, provocando una ruptura entre el Estado y el sector empresarial.

c) El gabinete económico echeverrista abandonó la política austera en la aplicación del gasto público, iniciando el financiamiento de los programas de gobierno abusando de dos recursos para la captación de ingresos que a la postre provocaron inflación y endeudamiento: la emisión de moneda más allá de los niveles aceptables por el sistema económico y la demanda de crédito externo.

d) Significó además el fin del crecimiento económico sostenido, dando inicio a una crisis que de manera recurrente afectó a la economía nacional.

e) Con Echeverría se ampliaron los canales institucionales (partidos políticos) para la participación de los grupos opositores al régimen en un contexto de apertura democrática, que finalmente no logró satisfacer a grupos de extrema izquierda que se manifestaron a través de movimientos armados a lo largo del sexenio.

En este sexenio México adopta una política activa en el contexto internacional, al dar a conocer Echeverría en el seno de las Naciones Unidas (1974) el documento conocido como la Carta de los Derechos y Deberes de los Estados, en el cual demanda el apoyo de los países ricos para promover el desarrollo de las naciones pobres, en 1975 participó en la fundación del Sistema Económico Latinoamericano (SELA), organismo destinado a fomentar el desarrollo independiente de los países de la región.

En un contexto internacional en el que se percibían indicios de una nueva recesión económica; donde el comunismo representaba una opción viable para lograr una sociedad igualitaria erradicando la desigualdad económica y social propia del régimen capitalista, en México Luis Echeverría Álvarez iniciaba el sexenio (1970—1976) implementando una política a la que denominó "Desarrollo Compartido," mediante la cual pretendía tender un puente hacia las clases medias y populares rezagadas de los beneficios de la política económica del Desarrollo Estabilizador.

Propósitos

Desde su campaña electoral Echeverría dejó claramente indicada la dirección que en materia económica y política seguiría su gobierno; en el plano económico buscaría el crecimiento con distribución del ingreso, en clara alusión a la concentración provocada por la política económica del Desarrollo Estabilizador, impulsaría la modernización del sector agropecuario, buscaría la reducción de la dependencia tecnológica, económica y financiera del exterior, fortalecería a las empresas del Estado, (las únicas que pueden cumplir con una función social sin buscar la inmediata multiplicación de las inversiones realizadas), orientaría la política industrial buscando la racionalización del crecimiento industrial y su distribución geográfica equilibrada.

Bajo la designación de Desarrollo Compartido el gobierno de Luis Echeverría sintetizó sus aspiraciones de transformar el esquema del desarrollo mexicano, se proponía hacer compatibles el crecimiento y la estabilidad mejorando el nivel de vida de los trabajadores, revertir el desequilibrio entre el campo y la ciudad, reducir la inflación y la deuda externa.

Para lograr los objetivos mencionados anteriormente el gobierno echeverrista consideró necesario ampliar la participación del Estado en la economía, colocándolo como el factor fundamental para lograr el crecimiento económico, limitando al sector empresarial, nacional y extranjero, que a juicio de Echeverría había sido el único beneficiado con el crecimiento logrado en los años del Milagro.

En materia política impulsaría una reforma que tenía como piedra de toque la apertura democrática; la propuesta estaba dirigida principalmente a los grupos de izquierda duramente reprimidos por el régimen de Díaz Ordaz. El activismo en política internacional iniciando en este sexenio pretendía diversificar las relaciones comerciales de México con el exterior ante las muestras de proteccionismo establecidas por los Estados Unidos, al gravar con un impuesto del 10 % a las importaciones provenientes de América Latina.

Resultados

El sector empresarial asumió una actitud de desconfianza ante el lenguaje utilizado por el discurso echeverrista al que calificaron de radical y populista. La opinión de las cúpulas empresariales sobre las tendencias del régimen fue confirmada en los primeros meses de iniciado el nuevo gobierno, según lo expresaron destacados líderes del sector empresarial al analizar diversas acciones emprendidas por el gobierno, entre las cuales destacan: la reforma fiscal seguida por la legislación sobre inversiones extranjeras, el control de precios, la cercanía con el gobierno de Salvador Allende, al que consideraron como socialista.

Para 1974 las causas del disgusto del empresariado nacional con el gobierno fueron resumidas en los planteamientos siguientes:

1. La tolerancia gubernamental al sindicalismo independiente, al que calificaron de peligroso para la estabilidad política y el crecimiento económico.
2. El clima de inseguridad para los bienes y la integridad física de los empresarios, motivado a juicio de los líderes empresariales, por el discurso echeverrista que alentaba la lucha de clases y que ya había cobrado la vida de varios prominentes empresarios.
3. Las demandas obreras de alzas salariales alentadas por el Estado, inaceptables por el empresariado dadas las condiciones de la economía nacional.
4. El proyecto de control de precios, bajo el argumento de que los precios no se fijan por decreto, sino a través de la oferta y la demanda.
5. La ley de protección al consumidor.

Esta situación llevó a los representantes de los principales grupos empresariales a constituir en abril de 1975, el Consejo Coordinador Empresarial, organismo creado con el propósito de crear un frente único de empresarios, para protegerse de las acciones lesivas a sus intereses emprendidas por el Estado. "El cuerpo directivo del CCE estaba integrado por seis miembros, uno por cada una de las seis organizaciones constituyentes: Concamin, Concanaco, Coparmex, Asociación de Banqueros, Asociación Mexicana de Seguros y el Consejo Mexicano de Hombres de Negocios".[13a]

La ruptura entre el sector privado y el público fue una constante del sexenio 70-76, aún con algunos períodos de tregua, determinados por el mutuo interés de resolver los problemas económicos y acelerar el crecimiento. Los efectos principales de este conflicto fueron: a) el retraimiento de la inversión privada b) la fuga de capitales c) la desaceleración económica d) crecientes niveles inflacionarios, devaluación y crisis económica.

La base que sustentó el proyecto político de Echeverría fue la nueva ley federal electoral, promulgada en enero de 1973 a través de la cual se reestructuraba la legislación vigente introduciendo cambios significativos en el sistema electoral: la nueva ley "redujo de 75 a 65 mil el número de miembros para el registro de un partido y de 2500 a 2000, el número de residentes en cada una de las dos terceras partes de los Estados, amplió el número de diputados de partido de 20 a 25 favoreciendo a las minorías, fijó en 21 años la edad mínima para ocupar una diputación y la de 30 para la senaduría, incorporó con voz y voto a un comisionado de cada partido a la Comisión Federal Electoral, precisó el establecimiento de la credencial permanente de elector y fijó normas para la propaganda de las campañas electorales."[13b]

La nueva ley trajo como resultados inmediatos la creación de cinco partidos políticos; cuatro, que de acuerdo a sus plataformas ideológicas podían considerarse de izquierda y uno de derecha, en el primer grupo se ubican: El Partido Mexicano de los Trabajadores (PMT), Partido Socialista de los Trabajadores (PST), Partido Revolucionario de los Trabajadores (PRT) y el Partido Socialista Revolucionario (PSR). El Partido Demócrata Mexicano (PDM) considerado de tendencia conservadora, de derecha, por sus principios anticomunistas, ultra nacionalistas y orientación religiosa.

La reforma política echeverrista no logró satisfacer las aspiraciones de la izquierda radical que se manifestó a través de la vía armada, tanto en las áreas rurales (Genaro Vázquez Rojas y Lucio Cabañas) como en las urbanas (la Liga 23 de Septiembre, Movimiento de Acción Revolucionaria, El Comando Armado del Pueblo, Federación de Estudiantes Revolucionarios, etc.). Además de las acciones delictivas: asaltos, secuestros y asesinatos perpetrados por estas organizaciones terroristas, su influencia desestabilizadora alcanzó a las Universidades públicas del país, sobre todo a la Universidad Autónoma de México, La Universidad Autónoma de Guadalajara, Universidad Autónoma de Puebla, Universidad Autónoma de Nuevo León, donde se dieron una serie de conflictos con grupos de derecha y organismos patrocinados por el Estado que buscaban el control de los recintos educativos, entorpeciendo la vida académica de estos centros de educación superior.

[13a] Basañez Miguel, El Pulso de los Sexenios. Siglo XXI Editores, cuarta edición Pag. 53
[13b] Enciclopedia de México, México 1987, Vol. 11 Pág. 6239

Ante tales violaciones al orden jurídico el gobierno se vio precisado a emprender el combate a estos grupos que se manifestaron al margen de los causes legales, empleando la fuerza del ejército y demás organismos policiales que terminaron por encarcelar, asesinar o desaparecer a los integrantes de estas facciones armadas. Las movilizaciones estudiantiles también recibieron su dosis de represión, como muestra está la matanza del jueves de Corpus en junio de 1971; aunque Echeverría se desligó de la responsabilidad en la aplicación excesiva de la fuerza pública cesando a funcionarios menores como fue el caso de Alfonso Martínez Domínguez, su gobierno conservó la imagen de represor que había criticado en sus discursos de campaña al régimen anterior.

Otras movilizaciones sociales aparentemente más espontáneas, pero igualmente desestabilizadoras, fueron protagonizadas por los campesinos en el norte del país, al invadir terrenos particulares denunciándolos como latifundios disfrazados y exigiendo al gobierno la entrega de los mismos; estas acciones ponen en evidencia la poca efectividad de las medidas aplicadas por el gobierno para resolver la problemática del sector agropecuario, a pesar del gran esfuerzo dedicado a realizar esta tarea. Los esfuerzos realizados en la búsqueda de soluciones se encaminaron en dos direcciones:

a) A través de reformas legales—administrativas. Entre las que destacan: la promulgación de la nueva Ley de la Reforma Agraria, creación de la Secretaría de la Reforma Agraria, Promulgación de la Ley Federal de Aguas, reparto agrario que superó las 12 millones de hectáreas, colocando al régimen echeverrista en tercer lugar en la entrega de tierras a campesinos, después de Díaz Ordaz (24 millones) y Lázaro Cárdenas (18 millones).

b) A través de la inversión pública. Durante el sexenio 70—76 se incrementó en cinco veces la inversión del Estado en el sector agropecuario, pasando de cuatro mil millones de pesos a veinte mil setenta y nueve millones, destinados a construir infraestructura y al otorgamiento de créditos, que incluyó al sector ejidal.

El activismo inusitado en política exterior, aunado a las características ideológicas de Echeverría, provocaron algunas tensiones con Estados Unidos, hubo casos extremos en que la oposición llegó a conflictos, tal situación se observó en la relación establecida con Fidel Castro y Salvador Allende donde se percibe el apoyo a dichos regímenes y la censura a las acciones emprendidas contra esos gobiernos por los Estados Unidos; país con el tradicionalmente habíamos mantenido el mayor intercambio comercial, situación que empezó a modificarse cuando el presidente Nixon estableció un impuesto adicional a las importaciones realizadas por EUA, hecho que afectaba de manera importante a las exportaciones mexicanas.

En la búsqueda por diversificar nuestras relaciones comerciales México se acercó a los gigantes del mundo socialista, China y la URSS evento que recrudeció el conflicto con el gobierno norteamericano. La activa política externa mexicana a finales de sexenio incurrió en algunos excesos que trajeron consecuencias desfavorables para México, como sucedió en el caso del boicot turístico y comercial declarado contra nuestro país por la comunidad judía, sobre todo norteamericana, a raíz del apoyo dado por México ante las Naciones Unidas a una declaración en la que se consideraba que el sionismo era una forma de racismo.

CRISIS, ABUNDANCIA Y CRISIS.

El 22 de septiembre de 1975 Fidel Velásquez, patriarca del sindicalismo oficial, destapaba al candidato del Partido Revolucionario Institucional para la presidencia de la República, José López Portillo y Pacheco, entonces titular de la Secretaría de Hacienda. El sucesor de Echeverría inició su período el 1° de diciembre de 1976 bajo el signo de moderación y conciliación, dejando claramente establecida una sana distancia del régimen anterior.

El nuevo gobierno iniciaba su gestión limitado por tres factores que en mayor o menor medida determinaron los lineamientos a seguir en materia política y económica: la crisis económica, la ruptura entre el Estado y la iniciativa privada. Y un convenio firmado con el Fondo Monetario Internacional (FMI). Para superar la crisis y lograr la expansión de la producción y el empleo López Portillo consideró prioritario reconciliar al Estado con el sector privado, por lo cual propuso tres estrategias a seguir en los primeros años de su gobierno: la Alianza Popular Nacional y Democrática para la Producción, una Reforma Política que permitiera transformar y consolidar las instituciones democráticas y una Reforma Administrativa a través de la cual se lograría un manejo más eficiente del sector público. Con la alianza el sector privado fue incentivado, subsidiado y apoyado fiscal y financieramente, con lo que se obtuvo la confianza y apoyo al nuevo gobierno.

La reactivación económica tenía que resolver otra dificultad: la cuestión del financiamiento de los programas emprendidos por el Estado, por esa razón el gobierno se vio en la necesidad de firmar un convenio con el Fondo Monetario Internacional, como condición para recibir nuevos créditos del exterior; la negociación con el FMI, se tradujo en el establecimiento de una serie de requisitos a los que la política económica debía ceñirse para mantener el apoyo crediticio y lograr superar los problemas económicos, según las perspectivas trazadas por especialistas de este organismo internacional. Entre las medidas que debía observar la política económica mexicana destacan: el establecimiento de topes a la masa monetaria circulante, limitó el endeudamiento proveniente de cualquier fuente de financiamiento externo a 3 mil millones de dólares para el primer año de aplicación del acuerdo; redujo el déficit del sector público; se establecieron directrices sobre precios y salarios, así como otros aspectos relacionados con la estructura fiscal y el funcionamiento de las empresas paraestatales.

El problema del financiamiento se consideró resuelto cuando en el primer año de gobierno el entonces director de PEMEX, Jorge Díaz Serrano declaró que las reservas probadas de México pasaron de 6.3 a 14 mil millones de barriles; ante tales perspectivas el presidente fijó como meta para la industria petrolera mexicana extraer 2.25 millones de barriles diarios de petróleo para 1982, el petróleo según declaró el presidente López Portillo sería el pivote del desarrollo económico de México. Las exploraciones se intensificaron dando como resultados nuevos descubrimientos de petróleo y gas natural en Veracruz, Chiapas, Baja California y la sonda de Campeche, que colocaron a México para 1980 como la quinta potencia petrolera a nivel mundial.

El crecimiento en la capacidad para extraer hidrocarburos alcanzada por PEMEX estuvo acompañada por una coyuntura internacional favorable, la súbita elevación de los precios del petróleo en los mercados internacionales en 1979. (Hasta 35 dólares por barril) Esta crisis petrolera fue causada por las acciones de la OPEP, entonces controlada por los países árabes, agravada por la salida de Irán, uno de los mayores productores del mercado mundial del hidrocarburo a raíz de la revolución islámica. El boom petrolero mexicano entre 1978 y 1981 trajo una derrama inusitada de divisas, no sólo por la venta de petróleo, sino por el enorme potencial de riqueza que la promesa petrolera colocaba sobre nuestro país; a partir de ese momento México se convirtió en uno de los mejores clientes del mercado financiero internacional ansioso de colocar el excedente de capitales ociosos que la recesión provocaba en los países industrializados. Tanto el sector público como el privado solicitaron créditos millonarios en dólares para apoyar diversos proyectos productivos, que no siempre tuvieron los resultados deseados.

"Hacia finales del sexenio de López Portillo el petróleo se había convertido efectivamente en el motor de crecimiento del resto de la economía; su participación en el PIB había aumentado al doble, representaba más de las tres cuartas partes del total de las exportaciones y aportaba cerca del 30% de los ingresos de la federación".[13c] Con una dependencia tan fuerte de los recursos generados por el petróleo, cualquier evento que modificara las condiciones existentes traería resultados desastrosos para la economía nacional.

Al crédito externo para financiar los programas de crecimiento el régimen Lópezportillista unió medidas recaudatorias a través de una reforma fiscal que tenía como base el establecimiento de un nuevo impuesto al consumo, el IVA, impuesto al valor agregado que sustituía al impuesto sobre ingresos mercantiles con que el Estado gravaba las transacciones comerciales, aumentando la tasa impositiva de un 4% a un 10 % sobre el precio del producto, incremento que a juicio de algunos economistas propiciaría el aumento de los niveles inflacionarios y reduciría la capacidad de compra de los grupos con menores ingresos; a pesar de las críticas el nuevo gravamen entró en vigor en enero de 1980.

En mayo del mismo año se puso en marcha un proyecto destinado a mejorar la producción del campo mexicano, al que se denominó Sistema Alimentario Mexicano. El SAM que contó con un monto importante de recursos, tenía como meta principal lograr la autosuficiencia alimentaria en la producción de alimentos básicos.

[13c] Delgado S. Gloria M Historia de México. Editorial Alhambra tomo 2 pág. 401.

En el terreno de las relaciones internacionales México mantuvo el activismo político iniciado en el sexenio anterior, en este sentido se presentan algunas de las acciones que indican el nivel de las relaciones con otros países:

- Marzo 1977. México reanuda relaciones diplomáticas con España, después de la caída del régimen franquista.
- Febrero 1979. El presidente James Carter visita México. La visita no logró disipar los roces diplomáticos entre México y Estados Unidos motivados por diferencias comerciales y de la postura opuesta sobre el asunto de Nicaragua, donde EUA apoya a Somoza y el gobierno de México a la guerrilla sandinista.
- Mayo 1979. México rompe relaciones con Nicaragua en rechazo al régimen dictatorial de Anastasio Somoza, entonces combatido por los sandinistas.
- Septiembre 1979. Ante la asamblea de la ONU José López Portillo propuso a la comunidad internacional un plan mundial de energía que a grandes rasgos proponía un uso más racional de los recursos energéticos, principalmente del petróleo.
- Agosto de 1980. México y Venezuela firman el Pacto de San José a través del cual ambos países productores de petróleo se comprometen a proporcionar a crédito y con facilidades el energético a países pobres de Centroamérica.
- En febrero de 1982 en un discurso en Managua el presidente mexicano calificó de error histórico la pretensión norteamericana de intervenir militarmente en Centroamérica para frenar el avance de los movimientos revolucionarios que amenazan al Salvador y Honduras.

La reforma política realizada por el régimen de López Portillo fue dada a conocer en diciembre de 1977 bajo el título de Ley Federal de Organizaciones Políticas y Procesos Electorales (LFOPPE), en la exposición de motivos que acompañó a la publicación de dicha ley se establecía los siguiente: "Hemos sido guiados por la idea de que la democracia significa la igualdad política de todos los ciudadanos. A través del principio de las mayorías se ha visto, sin embargo que éstas, las mayorías, excluyen la gravitación, el peso inclusive la voz de las minorías.

La mayoría de los representantes tiene que corresponder a la mayoría de los electores; pero las minorías electorales deben tener una adecuada minoría de representantes.

De esta manera se evita que la mayoría actúe como el todo . . ."[13d] Entre los cambios más importantes que introducía a la legislación electoral existente se consideran los siguientes:

- Los partidos políticos son considerados entidades de interés público, señalando claramente sus objetivos y prerrogativas, así como su derecho a participar en los procesos electorales federales, estatales y municipales.

[13d] Ley Federal de Organizaciones políticas y Procesos Electorales. Gaceta Info de la Comisión Federal Electoral. Pág 8

- Se amplió el número de diputados federales que integrarían la cámara baja, de 300 a 400, de los cuales 300 provendrían de triunfos electorales en sus respectivos distritos (diputados de mayoría relativa) y 100 de representación proporcional (diputados plurinominales), principio que se hacía extensivo a la composición de congresos y ayuntamientos locales.
- La nueva ley hizo más expedita la obtención del registro a organizaciones políticas interesadas en participar en el sistema electoral. El registro se presentaba en dos modalidades definitivo y condicionado, pues establece un partido con registro condicionado obtendrá el definitivo, cuando logre el 1.5 % de la votación en la elección que participe y se prevé que un partido que en dos elecciones consecutivas no logre ese porcentaje pierde su registro.
- Garantizó el acceso de todos los partidos a los media masivos de comunicación.
- Otorgó a la Comisión Federal Electoral la facultad de fijar el número de circunscripciones plurinominales, no mayor de cinco.[13e]

La reforma política no ponía en peligro el control del PRI sobre la presidencia, las gubernaturas de los Estados ni sobre el Congreso, sin embargo aumentó la presencia de partidos opositores en la cámara legislativa y abrió la posibilidad de otorgar el registro a otros. El objetivo fue dar un barniz democrático a un sistema de partido casi único que contribuyera a impedir el suceso bastante criticable ocurrido en las elecciones para presidente en 1976, donde no hubo prácticamente competencia formal.

La tercera de las estrategias en que se orientó la acción inicial del nuevo gobierno en el contexto de la crisis fue la Reforma Administrativa que pretendía descentralizar y eficientizar el funcionamiento del aparato burocrático. La reforma de la administración pública tuvo dos ejes fundamentales: la programación de las funciones públicas y la coordinación de esfuerzos para evitar duplicidades de organización. En la exposición de motivos de la iniciativa de la ley orgánica de la administración que envió el ejecutivo al Congreso señalaba: "El proyecto de organización que me permito proponer pretende convertir la compleja estructura burocrática que ha desarrollado la administración pública en un instrumento con responsabilidades claras y precisas, que evite la duplicidad en las funciones y que permita que las decisiones gubernamentales se traduzcan en los resultados que demandan los habitantes del país" [13f] Las labores de planeación quedaron a cargo de la recién creada Secretaría de Programación y Presupuesto; la sectorización, fusión o desaparición de empresas paraestatales era responsabilidad de las secretarías de Estado directamente involucradas.

[13e] Enciclopedia de México, México 1987, vol 11 pág 6239

[13f] Presidencia de la República, Coordinación General de Estudios Administrativos. Citado por María del Carmen Pardo en La modernización Administrativa en México. El Colegio de México, pág 106.

Echeverria 1970-1976.

Cuando en un negocio pequeño como el nuestro, sentíamos hasta 1970 que nuestro gobierno nos respaldaba y reconocía nuestro esfuerzo de estar creando 140 o 150 fuentes de trabajo que sustentaban a un número equivalente de familias, es seguro que quién dirigía aquella empresa se sentía un poco orgulloso de estar colaborando con su granito de arena al crecimiento de nuestro país.

Sin embargo con la llegada de Luis Echeverría al poder, se acabó con aquel sentimiento y vino a crear una fuerte pugna entre la clase empresarial y sus trabajadores. Echeverría descalificó la política económica que había prevalecido por 12 años, aduciendo un in-equitativo reparto de la riqueza y que por lo tanto, enarbolando la supuesta bandera de la "justicia social" iba a reivindicar a los trabajadores. Lo único que propició fue un gobierno populista y demagógico, con un terrible despilfarro en el gasto público y el inicio de la carrera ascendente del endeudamiento y la inflación

En 1971, casi 100 años después de haber fundado nuestra empresa familiar, empezamos de inmediato a vivir la espantosa política populista del nuevo régimen. Todos los planes se fueron viniendo abajo y en verdad muy pronto se perdió el entusiasmo por crecer y tener un mayor número de trabajadores y empleados.

No faltó el trabajo, es cierto, porque el gobierno gastó mucho dinero de manera desordenada, pero al menos en mi sentir personal, ya no se percibía seguridad y por el contrario había mucho temor de que el gobierno acabara por socializar la economía de manera absoluta.

La pugna entre los grandes empresarios y Echeverría fue muy marcada, pues imagino que ellos al igual que a mi padre le sucedía, temían ser desplazados o intervenidos en sus áreas de trabajo. En esos años y como respuesta a la política populista de Echeverría nació el Consejo Coordinador Empresarial, que aglutinó a las principales asociaciones de empresarios y que servía como un escudo de defensa de la iniciativa privada contra las acciones del gobierno. También por esos días, en 1973 y de manera misteriosa y no aclarada fue asesinado uno de los más grandes empresarios regiomontanos el Sr. D. Eugenio Garza Sada. Echeverría tuvo el descaro de asistir a su sepelio.

La época de la inseguridad, los asesinatos y los secuestros había dado principio, gracias a la política populista de Luis Echeverría.

La inflación fue desbocándose año tras año y para contrarrestarla el gobierno decretaba aumentos de salarios de emergencia en ocasiones hasta 3 veces en un año. Aquello era ya el principio del fin.[14a]

[14a] Enciclopedia de México, México 1987, Vol. 11 Pág. 6239.

Para 1976 el diferencial de inflaciones de México comparado con Estados Unidos era muy considerable y por lo tanto nuestro peso estaba sobrevaluado por arriba de un 35%. Lo que tenía que pasar, pasó y para el 31 de agosto de 1976 el Banco de México se retiró del mercado de cambios y nuestra moneda quedó en flotación, determinando su valor por la oferta y la demanda. En el primer día el tipo de cambió pasó de 12.50 a 20.60 pesos por dólar. El largo período de estabilidad monetaria había terminado.

La "justicia social" prometida nunca la vimos y en 6 años Echeverría no hizo otra cosa que hacer crecer la economía a mucho menor ritmo que el sexenio anterior, bajando el crecimiento acumulado del 49% del sexenio anterior al 34%, pero además, con una inflación descontrolada, 137% en el sexenio, que a final de cuentas es el peor impuesto que se le impone a un pueblo, pues lo empobrece en grado superlativo Por si fuera poco la deuda externa había pasado de 4,262 millones de dólares en 1970 a la estratosférica suma de 19,600 millones de dólares para fines de 1976. UN ENDEUDAMIENTO DEL 360% TAN SOLO EN SEIS AÑOS. La inflación en 1976, último año de gobierno, llegó al 27.2% y el tipo de cambio se incrementó en 76%.[15]

La característica del sexenio habrá sido el excesivo y marcado abuso del populismo demagógico aunado a un absurdo deseo de estatizar la economía, pues para entonces el Estado ya era "dueño" de 272 empresas y organismos descentralizados, la mayor parte de ellos muy mal administrados y arrojando por lo mismo un alto déficit de las finanzas del gobierno federal, que se financiaba con préstamos o bien activando la "maquinita de hacer dinero" sin respaldo.[16]

Para aquel entonces ya sabíamos quién era el sucesor en la presidencia del país, pues las elecciones habían sido en julio de 1976, poco antes de la devaluación y ya desde tiempo atrás con tristeza habíamos visto que el elegido por Echeverría había sido su amigo José López Portillo, que tomaría posesión el 1o. de diciembre.

Una vez más estábamos viviendo el inicio de una gran tragedia para nuestro país, era a todas luces una selección equivocada. Y si digo selección es porque la elección había sido una farsa, los demás partidos ni siquiera habían presentado candidato.

Seis años de ajetreada política populista habían terminado con la estabilidad económica de nuestro país, pero no conforme con ello Echeverría, que ya había expropiado 70,000 hectáreas de fértiles tierras de riego en los Valles del Río Yaqui y el Río Mayo de Sonora, arengaba a los campesinos a defender sus derechos y sin que nosotros, los ciudadanos comunes y corrientes lo comprendiéramos, pues había ya un presidente electo, les expresaba que no se preocuparan y que continuaría visitándolos aún después de dejar el poder.[16a]

[15]   (25 AÑOS DE LA ECONOMIA NACIONAL 1973-1998 por *Francisco R. Calderón*

[16]   Periódico a.m. Prol. Calzada de los Héroes 208 León, Gto. 37210

[16a] Estadísticas históricas de México tomo II Pág. 1029

Esos últimos meses de 1976, como suele suceder por un bache de nuestra Constitución que crea un vacío de poder, fueron terribles para nuestro país. Una ola de rumores corrían de boca en boca, desde que Echeverría se convertiría en otro Plutarco Elías Calles iniciando un nuevo maximiliato, hasta que estábamos a punto de convertirnos en un país socialista al dar Echeverría un golpe de estado.

La verdad es que los jefes de familia tenían mucho temor. Ya no les importaba nada, ni su país, ni sus trabajadores, ni lo que tenían, si algo así sucedía mi padre saldría del país con toda mi familia.

Así como mi familia, habíamos muchos y para poder irnos necesitábamos dólares. ¡Había que comprarlos . . . !

Hoy cuando lo veo claramente en mi pasado, que tristeza me da, nuestro país se estaba haciendo pedazos, como siento en verdad que haya sucedido así.

Por esos días en una actitud valiente y dirigido claramente a Echeverría, salió en

Excélsior un cartón denominado "Tú". Ustedes lo pueden ver enseguida (anexo) y al leerlo podrán darse cuenta de lo que nuestro presidente (con minúscula) estaba haciendo con nosotros los mexicanos

Cartón de Abel Quezada, publicado en Excelsior 1976.

Tú

─── POR ABEL QUEZADA ───

TÚ NO PUEDES FORTALECER AL DÉBIL DEBILITANDO AL FUERTE.

TÚ NO PUEDES FOMENTAR LA HERMANDAD ENTRE LOS HOMBRES ESTIMULANDO EL ODIO.

TÚ NO PUEDES AFIANZAR EL BIENESTAR GASTANDO MÁS DE LO QUE GANAS.

TÚ NO PUEDES INCULCAR CARÁCTER Y VALOR QUITÁNDOLE AL HOMBRE SU INICIATIVA Y SU INDEPENDENCIA.

TÚ NO PUEDES AYUDAR A LOS HOMBRES PERMANENTEMENTE, HACIENDO POR ELLOS LO QUE ELLOS PUEDEN, Y DEBEN, HACER POR ELLOS MISMOS.

ABRAHAM LINCOLN.

La primera vez que lo leí, después de cada párrafo, mi mente mostraba acuerdo y yo asentía con la cabeza pensando:—Que razón tiene Quezada", pero cuando llegué al final y me di cuenta que lo allí escrito eran palabras de Abraham Lincoln, digno Presidente de los Estados Unidos, que luchó por la libertad de los esclavos del sur y finalmente dio la vida por ellos, pues fue asesinado; me quedé verdaderamente perplejo, que razón tuvo al escribir aquello. Hacía más de 100 años que estaban allí sus palabras y para entonces Abel Quezada, (un genio) las aplicaba con muy exacta precisión a lo que estábamos viviendo entonces. ¡Ni más, ni menos!

Aunque ya era demasiado tarde para que Echeverría recapacitara, el daño ya estaba hecho. Hoy ustedes tienen la oportunidad de verlo y vale la pena, pues lo que dice sabemos que es aplicable en cualquier tiempo y en cualquier caso.

Abel Quezada fue un ilustre mexicano, caricaturista y escritor reconocido internacionalmente, que por desgracia ya falleció.

Si, esa era la época en que te decían que mejor iban a votar por "El Gallito", no porque supiera quienes eran ellos, simplemente porque se sentían defraudados del PRI. No imagino con claridad lo que pensaría Don Antonio Ortiz Mena, que para esa época ya era Director del BID (Banco Internacional de Desarrollo). Es muy probable que estuviera de acuerdo conmigo.

Echeverría con su "eslogan" de ARRIBA Y ADELANTE, nos dejó a todos los mexicanos viendo para ARRIBA como subían los precios y ADELANTE al horizonte, con una terrible incertidumbre.

Fue tan terrible el impacto que tuvo en mi familia la política populista de Luis Echeverría, que los planes que se tenían de crecer en nuestra empresa fueron desechados para siempre. Para 1977, que marcaba el inicio del sexenio de López Portillo, ya habíamos tenido que cerrar la tienda de saldos.

El gobierno de Echeverría fortaleció la posición del sector público en relación al sector privado. La política financiera obtuvo enormes montos de recursos para el sector público sin contribuir desproporcionadamente a la inflación, las empresas estatales crecieron de 84 en 1970 a 845 en 1976, la inversión en la agricultura evitó una situación peor y finalmente las políticas financieras del FMI, no provocaron en México las amargas experiencias vividas en otros países latinoamericanos"[17a]

[17a] Basañez Miguel. Op.cit, Pág. 60

LÓPEZ PORTILLO 1976-1982.

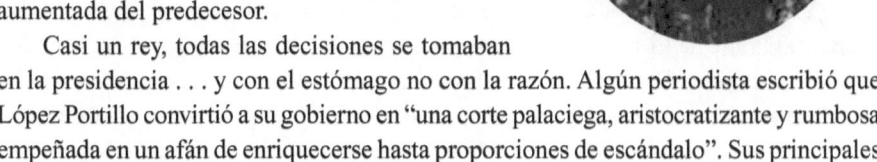

Con la llegada de José López Portillo a la Presidencia "elegimos" al mejor . . ., si claro, estoy diciendo que elegimos al mejor "ACTOR" que en toda la historia ha tenido nuestro país, aunque después hubo otro que le compitió bastante bien.

No hubo maximato, Echeverría se fue a formar su Centro de Estudios Económicos del Tercer Mundo, (vaya forma de tirar el dinero) pero eso sí, López Portillo fue una versión corregida y aumentada del predecesor.

Casi un rey, todas las decisiones se tomaban en la presidencia . . . y con el estómago no con la razón. Algún periodista escribió que López Portillo convirtió a su gobierno en "una corte palaciega, aristocratizante y rumbosa empeñada en un afán de enriquecerse hasta proporciones de escándalo". Sus principales características fueron la corrupción, la frivolidad y el nepotismo.[17]

Le apostó al petróleo, que no era mala idea, pero si evidente para la gente pensante, que era ya muy fuera de tiempo.

Quiso que México se convirtiera de importador neto de petróleo y derivados, que ya éramos para entonces, en un exportador de los primeros del Mundo.

Quiso hacerlo de la noche a la mañana, sin analizar el costo y el posible beneficio.

Como no teníamos dinero para hacerlo a ese ritmo, se dedicó a pedir prestado a todos los países de la Tierra y si hubiera sido posible . . . también del Universo. Nos prestaban en especie y nos llegaban equipos, materiales y maquinaria que se amontonaban y se echaban a perder en los muelles de nuestros puertos. Y cuando estuvimos listos con plataformas, oleoductos, muelles y producción. ¡OH sorpresa! LOS PRECIOS DEL PETROLEO EMPEZARON A BAJAR.

Una vez más estábamos llegando tarde al reparto de la riqueza, seguíamos siendo el país del "mañana".

Nuestro primer ACTOR, nos había dicho que debíamos "prepararnos para la abundancia", era increíble, según él ahora ¡Éramos Ricos!

Nuestro primer ACTOR, había dicho:—O nos pagan el gas al precio que nosotros fijamos, o en el caso contrario ¡mejor lo quemamos!-

Nuestro primer ACTOR, había dicho: "Defenderé nuestro peso como perro".

Sin embargo la realidad fue muy otra, nuestra economía ficción iba nuevamente en picada. Por otros seis años (ya estábamos a punto de cumplir La Docena Trágica), la inflación había continuado galopando, seguramente como un vívido recuerdo de aquel día que el candidato, José López Portillo, tuvo la ridícula idea de entrar a caballo y a

---

[17] "Historias de México"; José Agustín

pleno galope con toda su comitiva, para encabezar un mitin de campaña en un pequeño poblado de la república.

Como digo, en ese sexenio la Inflación galopó a un increíble y desconcertante ¡459%!. Pero además el tipo de cambió se fue a las nubes al pasar de 22 pesos por dólar hasta 150 pesos por dólar o sea que creció un ¡582%![18]

Para no quedarse atrás la Deuda Externa pasó de 19,600 millones de dólares en 1976 a la inconcebible cifra de ¡58,874 millones de dólares!, se calcula que dicha cifra equivaldría hasta un ¡90% del PIB! de ese año y representó un crecimiento del 200% en el sexenio.

No todo había quedado allí, la fiebre estatizante de López Portillo lo había llevado a comprar una gran cantidad de empresas quebradas, que ahora sumadas a las 272 que le entregó Echeverría, daban la increíble cantidad de ¡1155 empresas estatales y paraestatales!

¿Y qué pasaba con el negocio familiar para entonces? Las cosas parecían haber llegado al límite de lo soportable, al menos en lo referente a tener que trabajar en una economía de precios ascendentes a la cual no acabábamos de acostumbrarnos. Ya Echeverría había iniciado la carrera de precios desde 1971, pero ahora en los últimos dos años de López Portillo la situación era muy crítica.

Después de 1981 preferimos no volver a contratar ningún trabajo con el dependencias gubernamentales, pues el riesgo que se corría era muy alto, dado que para entonces dichos trabajos se otorgaban por concurso y las cláusulas de ajuste de precios, a partir de aquel entonces tan populares, no funcionaban adecuadamente y actualizar precios era una verdadera odisea. Sí había mucho trabajo, pues el "boom" petrolero había detonado el crecimiento económico, pero para entonces decidimos trabajar solo para la iniciativa privada.

Para fines de 1982, se acercaba ¡por fin! la salida de López Portillo y la llegada de su sucesor que sería Miguel de La Madrid. Todos deseábamos que pasaran pronto los días y que nuestro primer ACTOR en su último Informe de Gobierno, diera de manera natural un informe de la crítica situación económica y se fuera a descansar antes de tomar alguna más de sus arrebatadas decisiones, pero nuestros fervientes deseos no se cumplieron y por desgracia no fue así . . .

En un "dramático" último informe de gobierno, quizá más por llamar la atención, pues para esos días nadie lo tomaba en cuenta, López Portillo tuvo a bien decretar la estatización de la Banca Nacional y establecer además un régimen de control de cambios.[19]

Eso era lo único que nos faltaba para acabar de arruinar la economía del país; sin embargo mediante excepcional pieza oratoria, hizo gala de sus grandes dotes de primer ACTOR y derramando lágrimas ante el micrófono haciéndonos creer que en verdad había sido una víctima de los banqueros "vende patrias", saqueadores del país, tomó una más de sus arrebatadas decisiones de muy graves consecuencias en los años subsiguientes y actuales.

---

[18] "La vida en México"; Alejandro Rosas
[19] José Manuel Villalpando, "Los Presidentes de México"

Nunca he apoyado a los banqueros, pero pienso que lo sucedido en 1982, fue más la culpa del Gobierno, por haber permitido que la economía llegara hasta ese extremo de inestabilidad, propiciando la fuga masiva de capitales en dólares a los

bancos del extranjero, (encabezada por Durazo, Hank González y otros muchos funcionarios públicos) que a la falta de nacionalismo de los empresarios y banqueros.

Hasta donde entiendo las arcas nacionales habían quedado vacías, la reserva de divisas en moneda extranjera estaba prácticamente agotadas y por lo tanto el país estaba a punto de declarar la "moratoria" de pagos al extranjero.

Aunque a muchos no les llamaba la atención ver y escuchar los Informes de Gobierno, en mi casa tenían la costumbre de seguirlos con cierto cuidado y más para esta ocasión en que la situación del país era tan crítica y confusa. Por tal razón aquella ocasión y mi padre nos puso a escuchar con toda atención aquel histórico informe, como decía más arriba todos queríamos que terminara sin sobresaltos, dejando el camino abierto para que tomara posesión el siguiente mandatario.

Debo reconocer que aquel hombre, a pesar de que yo no comulgaba con sus ideas de estatizar la economía y tomar decisiones sin previo consenso, me había ido envolviendo con su discurso y a tal grado que cuando terminó llorando en verdad me conmovió. Un grito desgarrador culminó su discurso y refiriéndose a los banqueros dijo "Ya nos saquearon, ¡No nos volverán a saquear!

Cuando salimos de la oficina para ir a comer a la casa estábamos tan confundidos y hasta cierto punto convencidos de que aquello era lo mejor para el país, que en cierto momento me dije:—épale pues que te pasa . . . no te das cuenta que lo que está haciendo va en contra de tus principios fundamentales—y fue entonces cuando desperté y me di cuenta de lo terrible de aquellas medidas. No conforme con haber llegado a 1,155 empresas propiedad del gobierno, ahora se iba sobre los bancos. En verdad que eso era terrible,[19a]

GLOBALIZACIÓN ECONÓMICA Y TRANSICIÓN DEMOCRÁTICA. 1982-1994.

El sistema político mexicano posrevolucionario, sin ser unipartidista funcionó como tal, al contar con un partido favorecido por el Estado que lo colocó como "Partido oficial" en detrimento de los partidos opositores y de la democracia misma. Partiendo de este planteamiento se puede afirmar que el monopolio político ejercido por el PRI durante 70 años en México (1930-2000), se debió en primer lugar a la estructura corporativa integrada por sectores que representaron la pluralidad de intereses de la sociedad mexicana, conformados por distintas organizaciones obreras, campesinas y diversas asociaciones que iban desde colonos y comerciantes ambulantes hasta organismos empresariales diseminados en todo el país, que le dieron al PRI la fuerza para lograr

---

[19a] Estadísticas históricas de México. Tomo 1 Pág 392

triunfos contundentes en los procesos electorales en los distintos niveles de gobierno: municipal, estatal y federal, incluidos por supuesto, las cámaras legislativas.

En segundo lugar, la indefinición entre partido y gobierno, trajo para el primero saldos favorables, por ejemplo: la reforma agraria es de todos conocido que terminó convirtiéndose en un mecanismo de control y captación de votos en las áreas rurales, programas oficiales como CONASUPO y COPLAMAR tuvieron resultados similares. Otra forma utilizada por el PRI para mantener y acrecentar su fuerza política aprovechando su proximidad al gobierno fue colocarse como gestor de las demandas populares, dejando claro que el camino para la solución de los problemas comunitarios era vía el partido y sus representantes.

En tercer lugar está un factor de origen ideológico, el PRI históricamente se identificó como un partido de centro, sin los excesos de la izquierda comunista y lejos, por supuesto, de las proclamas con olor y color confesional y desinterés por las clases populares característicos de los partidos de derecha.

El monopolio político ejercido por el PRI trajo ventajas y desventajas para los mexicanos; entre las ventajas podemos señalar la estabilidad y paz social mantenida por muchos años, así, mientras en muchos países de América Latina se sucedían golpes de estado continuados por regímenes militares en los años sesenta, setenta y ochenta, México vivía un clima de paz que propició el crecimiento económico sostenido por lo menos hasta 1970. Entre las desventajas más notables están el escaso desarrollo democrático, el aumento de la corrupción y el establecimiento de un sistema de privilegios que benefició sólo a la elite política y económica mexicana.

La supremacía política del PRI empieza a ser cuestionada en los primeros años de la década de los ochenta, cuando las condiciones económicas se tornaron difíciles y los gobiernos priístas mostraron su incapacidad para controlar las variables económicas que provocaron desde 1976 crisis económicas sucesivas que afectaron severamente el nivel de vida de los mexicanos. Mientras la credibilidad de los gobiernos priístas se perdía, en el ámbito internacional también ocurrían cambios significativos en política y economía que marcaban nuevos rumbos, en lo primero se desmoronaban los regímenes comunistas en Europa del este, sistemas unipartidistas y autoritarios, cambio que colocaba al sistema político mexicano en una posición criticable dadas sus características de cerrazón política, corporativismo, autoritarismo y antidemocracia y en lo segundo la globalización económica indicaba el fin del proteccionismo económico, uno de los pilares del proyecto de sustitución de importaciones en que se apoyaba el crecimiento de la economía nacional desde 1940.

La crisis no sólo afectó al partido en el poder de manera directa, sino que además debido a la escasez de recursos se hizo imposible el otorgamiento de apoyos, concesiones y prebendas a los líderes populares y sectores sociales que por mucho tiempo habían sido clientes políticos del tricolor, provocando desilusión y alejamiento, situación que acentuó la debilidad del partido gobernante. El indicio más claro de este debilitamiento fue la ruptura al interior del partido ocurrida en 1986, cuando surgió la corriente democrática encabezada por Cuauhtémoc Cárdenas y Porfirio Muñoz Ledo, grupo que junto a otros dirigentes menos conocidos, y después de asociarse con diversos partidos terminó por constituir el Partido de la Revolución Democrática, en 1989. El cisma ocurrido en el partido a raíz de estos acontecimientos fue sumamente grave para el régimen y para el PRI, pues por una parte, Cárdenas contaba con una gran cantidad de simpatizantes en amplias regiones del centro del país y por otra el nuevo partido, al adoptar una postura de centro—izquierda, logró en momentos cruciales para la política nacional, la unidad de la izquierda mexicana, logrando colocarse como la segunda fuerza electoral, según datos de los resultados en las elecciones de 1988.

De la misma forma en que el PRD se fortalecía en el centro y sur de la República, el PAN ganaba fuerza en el norte, obteniendo triunfos electorales, como la gubernatura de Baja California Norte, Chihuahua y alcaldías en ciudades importantes de otros estados norteños, triunfos que continuaron hasta colocarlo por encima del PRD en las preferencias electorales, como lo indica a la composición de la Cámara de Diputados, de acuerdo a resultados de las elecciones de 1994.

Aunque el PRI se negó a ceder el poder, incorporó a la estructura de gobierno a representantes de partidos opositores; estas dádivas, como fueron calificados los espacios cedidos por el partido oficial, se dieron a través de reformas electorales, iniciando en 1963 al crear los diputados de partido, continuada por la Ley Federal de Organizaciones Políticas y Procesos Electorales (LFOPPE), puesta en marcha a partir de 1977, seguida por Miguel de la Madrid, hasta llegar a la creación del Instituto Federal Electoral (IFE), por Carlos Salinas de Gortari; camino que, aunque lento, permitió llevar a cabo la transición política de México ocurrida el 2 de julio de 2000, que ha generado grandes expectativas de cambio dentro y fuera de México.

Estamos conscientes que los grandes problemas nacionales no se resolverán con un cambio de partido en el poder, sin embargo, es notorio que nos acercamos al significado pleno del término democracia: participar todos como sociedad en la búsqueda de soluciones a problemas comunes.

Con la llegada de Miguel de la Madrid Hurtado a la presidencia de la República en 1982 se inician una serie de cambios estructurales en la política y la economía de México. En política representa el arribo de un grupo de la burocracia en el poder denominado tecnócratas, que desplazó a los políticos de viejo cuño, cuya característica principal era la sensibilidad política sobre las necesidades de las clases populares, derivada del contacto constante a través de muchos años de desempeño en puestos de elección popular. En economía representó el abandono de la teoría keynesiana, el intervencionismo y el dirigismo estatal y del Estado benefactor vigente desde 1917, para dar paso a la teoría monetarista y al Estado neoliberal que revive los principios básicos del liberalismo clásico, basado en el individualismo, la igualdad de oportunidades, la libertad de hacer todo aquello que la ley no prohíba y en la existencia de un Estado que asegure por todos los medios la paz pública, garantice la propiedad, y propicie el crecimiento material.

La tecnocracia mexicana está representada por los tres últimos presidentes: Miguel de la Madrid Hurtado, Carlos Salinas de Gortari y Ernesto Zedillo Ponce de León, todos ellos tienen en común el hecho de haber cursado estudios de postgrado en prestigiadas universidades en el extranjero en Economía o Administración Pública. El arribo de los académicos al poder en México de manera importante se inició desde 1970, cuando la participación del Estado en economía se hizo más significativa.

Existe la creencia generalizada, tanto en México como en otros países, que los tecnócratas aplican criterios científicos a problemas sociales, que sus programas político—económicos desatienden a los sectores populares; que favorecen con sus acciones al capital nacional y extranjero; que tienen tendencias autoritarias y que los resultados más importantes de los programas de gobierno son observables en términos macroeconómicos que sólo benefician a las empresas y en la acentuación de la pobreza individual. El ascenso de los tecnócratas en México está muy ligado a la crisis económica iniciada en los años setenta; en consecuencia su elección estaba encaminada a encontrar la solución a las dificultades económicas aplicando fórmulas y diseñando estrategias a partir del conocimiento de la ciencia económica. En este sentido fueron aplicados distintos programas como: el Programa Inmediato de Reordenamiento Económico (PIRE), el Programa de Aliento al Crecimiento, (PAC) los Pactos de Solidaridad y Reactivación Económica buscando la estabilización de la economía, detener la caída del peso, reducir la inflación y reactivar el crecimiento económico. Algunos resultados favorables en términos macroeconómicos fueron observados a principios de los noventa cuando se logró reducir la inflación a un dígito (9%), reactivar las exportaciones no petroleras y reducir sensiblemente el desempleo, volviendo a derrumbarse la economía nacional con la crisis de finales de 1994.

DEL PROTECCIONISMO A LA APERTURA ECONÓMICA.

Para 1982 el esquema proteccionista en que se basó el desarrollo industrial de México desde los cuarenta no era ya una opción viable, es cierto que había logrado impulsar la producción manufacturera, pero al producir para un mercado cautivo, los empresarios nacionales y extranjeros beneficiados con el proteccionismo del Estado, no se preocuparon por invertir en tecnología que mejorara los índices de calidad de los productos mexicanos teniendo en consecuencia una producción escasa, cara y de mala calidad. Contrastaba además con estrategias exitosas aplicadas en ese mismo tiempo por países asiáticos como: Tailandia, Singapur y Taiwán que habían basado su crecimiento económico en un contexto del libre comercio internacional exportando manufacturas que requerían de escasa inversión y poco desarrollo tecnológico, aprovechando ventajas competitivas como la abundancia de materias primas y mano de obra barata.

En 1979 bajo la administración de José López Portillo se plantó la necesidad de que México ingresara al GATT, (A cuerdo General de Aranceles y Comercio) dejando de lado la economía cerrada para incorporarse a través de este organismo al comercio internacional, sin embargo los empresarios nacionales consideraron riesgosa tal medida, pues significaba enfrentar la competencia extranjera y dadas las condiciones de nuestra industria manufacturera, aquello se traduciría en cierre de empresas y por lo tanto desempleo; ante tal escenario el gobierno decidió mantener el proteccionismo sobre el sector industrial. La apertura comercial con el exterior se vuelve a plantear en el gobierno de Miguel de la Madrid bajo condiciones que hacían ver como un imperativo la integración de México al mercado mundial al coincidir la crisis interna con cambios importantes operados a nivel internacional. Los instrumentos del cambio fueron las modernas teorías neoliberales (la teoría monetarista) representadas por las recomendaciones del Fondo Monetario Internacional y el Banco Mundial, además el gran desarrollo tecnológico, especialmente en el terreno de la telecomunicaciones que hacía posible la formación de grandes bloques económicos integrados por países geográficamente distantes, impulsando la globalización de la economía. Estas condiciones finalmente lograron poner fin al proteccionismo incorporando a nuestro país al organismo de comercio mundial a finales de 1985.

De acuerdo al planteamiento de la corriente neoliberal, originada en los Estados Unidos en los años setenta cuyo defensor más destacado es el premio Nobel en Economía en 1976 Milton Friedman, la crisis que vivían países como México se debía fundamentalmente a la excesiva participación del Estado en la economía, pues se había generado una enorme burocracia que consumía la mayor parte de los recursos obtenidos por el sector público, la administración pública era ineficiente pues se recurría constantemente al déficit presupuestal acentuada por los actos de corrupción, la producción de las empresas públicas eran incapaces de enfrentar la competencia y el proteccionismo sólo había generado una industria costosa y de mala calidad. Ante tal situación las recomendaciones eran: el adelgazamiento del sector público a través de la privatización de empresas propiedad del Estado, la implementación de políticas austeras en el gasto público, reducir la burocracia, poner fin a las prácticas populistas como otorgamiento de subsidios, ajustar los gastos sociales y la inversión a la realidad económica y el establecimiento de la apertura comercial; medidas que según los economistas y administradores egresados de las universidades norteamericanas, entre los que se encontraba Miguel de la Madrid y sus asesores financieros, propiciaría el regreso de capitales expatriados y el aumento de la inversión extranjera que junto a una renegociación de la deuda externa en condiciones favorables lograría detener el endeudamiento e iniciar el crecimiento económico con estabilidad.

Los cambios se iniciaron a partir de 1982 de manera gradual acelerándose a partir de 1988, bajo la administración de Carlos Salinas quien concretó la venta de importantes empresas de propiedad estatal como la banca, nacionalizada en tiempos de López Portillo y Teléfonos de México. Además modificó el marco legal en torno al añejo problema de la tenencia de la tierra a través de la reforma constitucional del artículo 27, poniendo fin al reparto agrario dando certidumbre a la tenencia de la tierra además de crear condiciones para la capitalización del campo, medida calificada por algunos como criminal pues entregar títulos de propiedad a ejidatarios que vivían en la miseria equivalía a obligarlos a vender sus tierras, propiciando la especulación y el acaparamiento.

En materia de apertura comercial en el sexenio 1988-1994, se logró la firma del Tratado de Libre Comercio con Estados Unidos y Canadá, convenio que de manera definitiva lograba la integración económica de México a la economía global al formar parte de uno de los bloques económicos con mayor número de consumidores.

DE LA MADRID 1982-1988.

En esa crítica situación el primero de diciembre de 1982, tomó posesión como nuevo presidente Miguel de La Madrid Hurtado, que hasta donde yo supe, y aparentemente no fue informado previamente de la decisión de López Portillo de estatizar la Banca y declarar el Control de Cambios, pero claro, en su discurso de toma de posesión no dijo una sola palabra.

Sin embargo no dejó de mostrar su auténtica preocupación por la situación que se vivía, cuando expresó: "No permitiré que el país se me deshaga entre las manos"

Hablar mucho de Miguel de La Madrid es imposible, pues para mi personal punto de vista su mandato fue gris, por no decir que negro y sus actitudes fueron tibias.[20]

Es cierto, heredó un país en la más completa ruina, sin divisas en la reserva, con inflación galopante, endeudado hasta la máxima expresión y con la industria petrolera rumbo a la quiebra por los bajísimos precios del petróleo de exportación.

La Banca había dejado de ser mixta, pues no conforme con los bancos que ya eran del gobierno desde antes de septiembre de 1982, como Banco del Atlántico y Banco Mexicano, ahora López Portillo había estatizado los restantes. El ridículo e imposible "control de cambios" de un país que tiene 3000 Km. de frontera con Estados Unidos pesaba mucho sobre la economía del país.

Su Secretario de Hacienda Don Jesús Silva Herzog recorría el mundo como embajador itinerante, suplicando a los bancos privados, a quienes se les debían miles de millones de dólares, que por favor (y casi de rodillas) le renegociaran las deudas. ¡Era en verdad una vergüenza!

Durante 26 meses, más de 2 años, México no recibió un solo crédito internacional. Nadie creía en nosotros.

Pero eso no fue todo, para 1985, el 19 de septiembre de 1985, un terrible sismo bamboleó la orgullosa capital de la República, derrumbando cientos de edificios y matando a miles de personas.[21]

Era lo único que faltaba para terminar de desmoralizar a nuestro "todopoderoso" primer mandatario, pues al contrario de lo que el pueblo habría esperado de La Madrid nunca apareció para apoyar a su pueblo en desgracia. Más hizo nuestro "medio" compatriota Plácido Domingo que nuestro "presidente" de la República.

---

[20]   25 AÑOS DE LA ECONOMIA NACIONAL 1973-1998 por *Francisco R. Calderón*
[21]   Fundación CIDOB, 2001

Desde un principio se dio por vencido para controlar la inflación que verdaderamente nos estaba asfixiando y dejó que alegremente siguiera cabalgando y empobreciendo al ya de por sí, empobrecido pueblo.

¿Y el tipo de cambio? Muy bien gracias. También galopando alegremente (deslizándose como se decía entonces) al ritmo de la inflación. Vean la evolución de la inflación y el tipo de cambio en su período:

Año	1983	1984	1985	1986	1987	1988	Acumulado
Inflación	90.9%	59.2%	63.7%	105.7%	159.2%	51.7%	3710%
Tipo de Cambio	197.45	250.0	475.0	924.0	2,209.7	2,281.0	1,421

Fuente: Elaboración propia con base en Nacional Financiera, *La economía mexicana en cifras*; Banco de México, *Indicadores económicos*, varios años.

Qué opinión se puede tener de un presidente, cuando aprecias (o desprecias) los resultados anteriores, sino es de la más completa reprobación. Tan sólo baste decir que en tres sexenios consecutivos, el poder adquisitivo del salario mínimo vigente había disminuido hasta en un 53%, comparado con el del año 1970. Esto significa que un salario mínimo de 1988, compraba solamente el 47% de lo que compraba en 1970. En verdad . . . ¿Esa era la justicia social a la que quería llegar Echeverría? de La Madrid tuvo muy pronto que dar marcha atrás en el control de cambios y como digo arriba, dejó que nuestro peso se fuera deslizando de manera estrepitosa, algo que claro, era inevitable si no se había hecho absolutamente nada para controlar la inflación.

Pero también, a final de cuentas, dio las facilidades para crear la Banca Paralela, pues dejó que la iniciativa privada conservara y administrara las Casa de Bolsa y la gente mostró más confianza en llevar su dinero con ellos, que con la banca del Estado.

Todavía faltaba un "chicotazo" más a la endeble economía de las familias de clase media, el famoso "boom" de la Bolsa de Valores en 1987, que llevó a miles de pequeños ahorradores a invertir su dinero en acciones de bolsa. El auge de la bolsa era tan impresionante que no conformes y sin nadie que les hubiera asesorado o prevenido del riesgo que corrían, muchos pequeños inversionistas vendieron sus casas, para invertir el dinero en acciones ganadoras.[22]

Esa fue la época en que más que ver las noticias en la tele, la gente esperaba saber cuánto habrían subido sus acciones en la sesión de la bolsa de valores del día.

Fue una terrible injusticia y una vez más miles y miles de personas perdieron sus ahorros y sus casas, cuando la Bolsa, como suele suceder, cayó de manera inesperada.

Nadie, ni el gobierno, ni las propias Casas de Bolsa advirtieron a los inexpertos inversionistas del grave riesgo que corrían.

---

[22] presidentes, sexenios y programas de desarrollo

Así penosamente fue llegando al final, el gris sexenio de Miguel de La Madrid y salvo el hecho de haber "entendido" que el gobierno tenía que irse desprendiendo del terrible lastre que formaban las empresas estatales y la necesidad de afrontar la apertura comercial, impulsando poco a poco las exportaciones y permitiendo las importaciones de productos, así como la entrada de México al sistema GATT, muy poco fue lo que dejó este triste sexenio.

Para colmar los fracasos, las elecciones para nuevo presidente de la República fueron corruptas y fraudulentas, por primera vez en la historia del PRI, se puso en duda seriamente que su candidato Carlos Salinas de Gortari hubiera ganado la cantidad de votos necesarios para demostrar su mayoría. El sistema de cómputo, manejado por Manuel Barttlet y sus secuaces sorpresivamente dejó de funcionar, mientras se hacían los acomodos necesarios para favorecer a Salinas.

El monolítico Sistema estaba empezando a caer, ya no era sostenible. Los mexicanos ya no lo aceptábamos más.

Pero que fue lo que pasó con todas aquella pequeña empresas como la de mi familia, que había nacido con tanta ilusión y confianza en el futuro de nuestra Patria . . . Pues nada, . . . casi todas se acabaron.

Muchas razones acabaron con ellas, pero quizá la de más peso fue ver como a final de cuentas, nuestro país . . . "sí se nos deshizo entre las manos".

Esos acontecimientos nacionales tuvieron influencia de manera directa, pero es interesante observar que también la tuvieron de manera indirecta. Pero vayamos viendo como fue aquello:

Después de 12 años de vivir dentro de una economía nacional de pura ficción, mi padre se había visto obligado a convertirme en algo así como Arquitecto Administrador y dejar atrás la arquitectura, que era realmente su profesión. Así que para fines de 1982, veía con suma desconfianza el futuro de nuestra empresa, dudaba que terminados los trabajos que se le habían encargado a principios del año quizá en 1983 o principios de 1984, encontrara con facilidad nuevos clientes.

Para nadie era secreto saber que lo primero que se cae durante una fuerte crisis es la industria de la construcción, pero no era solo eso, pues bien sabía que cuando había fuertes crisis de trabajo, las grandes empresas constructoras no dudaban en invadir los nichos que en condiciones normales no eran de su interés y que correspondían a empresas usualmente, de nuestro nivel.

Pero además la salud de mi padre no andaba muy bien, le había subido bastante la presión arterial en ese mismo año y los medicamentos ni lo curaban y hacían que se sintiera peor, cada llamada de teléfono en la que recibía alguna noticia desagradable, inquietante o imprevista, que eran tan frecuentes en aquella época, como por ejemplo que no saldría el cheque prometido, hacía que se sintiera mal. Esa era una razón importante que se debía de evaluar también.

Por otra parte nuestra gran ciudad, junto con las ciudades aledañas como, Puebla, Tlaxcala y Morelos se habían vuelto sumamente peligrosas, sus hijos estaban creciendo y sentía que no era el mejor sitio para que estudiaran sus carreras profesionales. Y así hubo varias razones más que inclinaban la balanza hacia el abandono de la ciudad de México, como era la terrible contaminación y el estrés permanente del tránsito capitalino y los asaltos.

Para principios de 1983 ya habíamos tomado la decisión, era mejor retirarse del negocio en ese momento cuando todo marchaba muy bien y después salir de México. Elegimos a la ciudad de Puebla como punto de residencia, sin embargo no fue hasta fines de aquel año cuando realmente dimos los pasos necesarios para salir y después poco a poco, como fueron terminándose los trabajos que teníamos en proceso, con mucha tristeza y paulatinamente fuimos dando de baja el personal. Algunos de ellos ya habían cumplido los 40 años trabajando con nosotros.

Para agosto de 1984 ya estábamos radicando en Puebla y aunque la empresa no murió por ser propietaria del edificio, jamás volvió a fabricar nada desde aquel año. Tristemente se acabó.

SALINAS DE GORTARI 1988-1994.

Hablar de la llegada de Salinas de Gortari (la hormiga atómica como decía mi papá) al poder, es un poco difícil en la actualidad, pues lo hemos culpado de todos y cada uno de los males que nos aquejan actualmente. Y es muy probable que así sea, sin embargo cuando comparo el sexenio de López Portillo con el de Salinas, encuentro grandes diferencias. El primero no dejó nada, salvo el país en ruinas, Salinas al igual que de La Madrid al menos dieron algunos pasos importantes para corregir los graves errores de la estatización de la economía.[23]

Salinas abrió la economía del país y dio paso a las grandes empresas que trajeron capitales, nuevas tecnologías y fuentes de trabajo. Salinas concretó la firma del TLC y hasta fines de 1993, casi todos le reconocíamos grandes méritos.

El primero de enero de 1994, todo cambió y a partir de ese momento cometió gravísimos errores, el paso del tiempo nos dará la oportunidad de juzgarlos mejor.

---

[23]   La Historia y sus Protagonistas de Ediciones Dolmen, S.L.

Zedillo Ponce De León 1994-2000.

El caso de Ernesto Zedillo Ponce de León es cosa aparte, al igual que Miguel de La Madrid tomó el poder en un momento de grave crisis en el país y todo lo que muy hábilmente le había ocultado Salinas acabó por explotarle entre las manos.

Esto dio lugar a la más grave crisis económica que ha vivido nuestro país en toda su historia. Dicha crisis por el contrario de otras alcanzó a todos los sectores de la población.

Pero la diferencia, si comparamos con lo que hizo de La Madrid en su sexenio, fue que Ernesto Zedillo logró sacarnos de la crisis de la manera más rápida posible, bajando poco a poco la inflación y controlando de manera inteligente el tipo de cambio, para desembocar en el último año de su sexenio, con una economía fuerte y relativamente sana, lo que nos ha permitido tener una transición tranquila y sin sobresaltos. Recuérdese que además tuvo que sortear el rebote de las crisis económicas del Lejano Oriente (Japón y los Tigres Asiáticos) y la de Brasil en Sudamérica.

Finalmente, culminó la reforma electoral convirtiendo al IFE en organismo autónomo, descentralizado e independiente del Poder Ejecutivo Federal y en las elecciones de 1997 y del 2000 que fueron en extremo limpias y tranquilas se le dio el triunfo a la oposición. En ambos caso reconoció de inmediato los triunfos tanto de Cárdenas en el D.F. como de Fox en nuestro país.

La llegada de Fox a la presidencia de este país, es apenas una esperanza, era muy necesario un cambio y fue por ello que terminé votando por él, pero todavía nos falta mirar adelante y lograr que nuestras expectativas se cumplan. Debemos ayudarlo, es cierto, pero también lo es que por fortuna y gracias a Zedillo, nuestro país ya no es igual, el presidente dejó de ser todopoderoso y si no cumple, podremos exigírselo y reclamárselo. Esa es la gran diferencia.

Es muy posible que haya logrado transmitir de que manera, positiva o negativa, influyen en la vida particular de una familia o de una pequeña empresa, como la que mi familia tuvo, los aciertos, los engaños y los errores de los gobiernos en turno. Espero que esto sirva también como una enseñanza para los jóvenes que administran pequeños negocios en la actualidad. La administración con sentido común, el bajo endeudamiento de las empresas y un conocimiento general de cómo operan las distintas variables de la economía, es imprescindible en estas épocas y no debe actuarse de manera en exceso agresiva, sin antes tomar en cuenta los posibles riesgos del país en que vivimos. La experiencia anterior, aquí descrita, es más que elocuente.

Si me gustaría reconocer que no todos los funcionarios públicos que nos han gobernado en estos 60 años tuvieron que ser corruptos e ineficientes, muchísimos hombres honestos y cumplidos habrán estado por allí cumpliendo con su deber, pero yo quisiera para terminar este escrito mencionar los nombres de los que pienso dejaron su huella imborrable al paso de nuestra historia:

- Gral. Manuel Ávila Camacho, el presidente caballero y negociador
- Don Adolfo Ruiz Cortines, presidente honesto y ordenado.
- Lic. Adolfo López Mateos, presidente muy querido por el pueblo, excelente publirelacionista.
- Don Antonio Ortiz Mena, el mejor secretario de Hacienda de toda la historia de México
- Don Ernesto P. Uruchurtu, el Regente de Hierro que transformó la ciudad de México.
- Ernesto Zedillo Ponce de León, el verdadero presidente del cambio.

Una sola pregunta final. ¿Han llegado a pensar que podría haber pasado en este país si Díaz Ordaz deja a otra persona en la presidencia, en vez de Luis Echeverría?

Cuando traté de escribir este documento, muy pronto me di cuenta que por más que quisiera no podía confiar tan solo en mi memoria o en la memoria de mis antepasados y por lo tanto me vi precisado a consultar fuentes que me permitieran confirmar y complementar lo que mi familia recordaba de cada uno de los sexenios presidenciales en que me ha tocado vivir o bien que había escuchado de mis padres y abuelos.

Para ello lo primero que hice fue recurrir a las clásicas fuentes que en materia económica hoy en día (y en noche) tenemos disponibles en Internet, como son el Banco de México, INEGI y la Secretaría de Hacienda.

Pero hubo un libro que había comprado el año pasado y que tenía muchos deseos de leer, al menos en sus capítulos fundamentales, el que realmente me impulsó a documentarme e investigar por mi cuenta. El libro a que me refiero, lo escribió Don Antonio Ortiz Mena y lleva el nombre de "El Desarrollo Estabilizador, Reflexiones sobre una Época", allí se hace un amplio análisis de lo que fue el desarrollo económico del país durante los dos sexenios en que le tocó dirigir la Secretaría de Hacienda.

Sin embargo lo que faltaba hacer, era una comparación de las cifras y los resultados que él daba en su libro, con los obtenidos en sexenios posteriores, una vez que dejó de ser vigente la política económica del Desarrollo Estabilizador.

III

Hipótesis

Planteamiento de la Hipótesis.

Todos y cada uno de los cambio de gobierno, en especial los cambios realizados al titular del poder ejecutivo de la nación, ponen de manifiesto nuevas maneras y formas de hacer las cosas, no importa que lo pasado, lo ya establecido y lo ya probado funcionen y funcione bien, es imperante suspender todo programa promovido e implementado por su sucesor en el cargo y probar nuevas formas y nuevos programas, aunque esto provoque partir nuevamente de cero, tropezando de nuevo con la misma piedra, para llegar a lo mismo con diferente nombre.

Estos cambio sexenales no dejan más que mayor pobreza, mayor desigualdad y cada vez más un país más en ruinas.

Variables.-

Las variables a considerar en este estudio son la relación del peso frente al dólar (Tipo de Cambio), inflación, devaluación, salario mínimo, producto interno bruto, exportaciones y deuda externa.

Clasificación de las Variables.-

Las variables a estudiar se clasifican en dos grandes grupos, las variables económicas y las de tipo social—político; ambas están interrelacionadas de manera significativa y además se encuentran afectadas por otras de tipo externo a las que llamaré internacionales.

Universo de Estudio.-

Los Estados Unidos Mexicanos desde 1940 hasta nuestros días.

IV

INVESTIGACIÓN DOCUMENTAL

Ahora bien, después de haber descrito cada uno de los escenarios político económicos de los últimos 60 años, podemos deducir que en todos y cada uno de los periodos sexenales hubo aciertos y desatinos, unos mayores que otros, unos más significativos que otros pero en resumen todos influyeron de manera determinante en el no desarrollo del país, es decir, la economía mexicana ha vivido ciclos económico y políticos de seis años, cada periodo presidencial se redescubre el hilo negro, se corta con el pasado, se renombra y crean nuevos programas, en México no hemos podido superar el complejo del personalismo, y aún no somos capaces de reconocer los logros o aciertos de los antecesores lo que nos lleva a un inevitable retroceso, una incertidumbre sexenal y a un cero crecimiento como país.

Sin embargo hemos aprendido que las instituciones como Banco de México o el propio Instituto Federal Electoral deben de ser instituciones autónomas, que sólo velen por los intereses del país y no por los intereses del grupo político en cuestión.

Así mismo también hemos aprendido a ser mexicanos más comprometidos con el propio destino del país, actualmente los medios de comunicación se encargan de romper barreras geográficas y nos permiten la toma de decisiones más ágil y oportuna, por lo que las reacciones tanto de los mercados en su conjunto como de cada empresario, líder o ama de casa son cada día más significativas en el quehacer diario del país.

Hemos pasado de tipo de cambio e inflaciones exorbitantes de 3709% con José López Portillo y Miguel de La Madrid Hurtado hasta hoy, en donde tenemos inflaciones "reales" de un solo dígito, por debajo del 9% con Vicente Fox Quezada; así mismo nuestra relación peso vs dólar norteamericano ha cambiado, para bien, de la inestable y cambiante fijación de precios a la tan nombrada banda de flotación o libre precio, determinado por la oferta y la demanda de divisas. También hemos pasado de un país súper endeudado en 85,435 millones de dólares en 1994 a una deuda conservadora de poco más de 36,686 millones de dólares, es decir el país ha hecho frente a sus obligaciones con sus acreedores, esto si, a un costo muy alto, el no desarrollo interno. Las exportaciones también se han incrementado de manera importante 160,000 millones de dólares, lo que contribuido al mantenimiento de las variaciones entra las divisas y a un insignificante crecimiento en el PIB de apenas marginal.

V

Procesamiento y Cómputo
De La Información

En los periodos comprendidos entre 1953 y 1970 México presento una de las estabilidades más largas de su historia, su periodo dorado, con un tipo de cambio fijo de 12.50, lo anterior en virtud de que este se fijaba por el ejecutivo en turno y de no haber presentado un incremento importante en su INPC, la inflación del acumulada fue de aproximadamente el 66% y un crecimiento en el producto interno bruto acumulado de 535.21%, manteniéndose la deuda externa en 4,262.80 millones de dólares y una relación con el PIB del 11.99%.

En un total de 30 años, es decir, de 1971 al 2000, el milagro mexicano, el porcentaje de incremento acumulado en el tipo de cambio del peso frente al dólar fue de 76,700%; el salario mínimo de los trabajadores se redujo en comparación con la inflación de ese mismo periodo en un 69.05% lo que nos lleva a una espiral deflacionaria, misma que de no controlarse efectivamente, puede llevarnos nuevamente a ciclos inflacionarios desestabilizantes.

La población total del país prácticamente se duplico en tan sólo 30 años, desencadenando también problemas de pensiones y desempleo. Los mercados laborales no dan cabida a los miles de egresados que salen año con año de las diferentes instituciones del país; pudiéndose convertir esto en problemas sociales a muy corto plazo.

VI

CONCLUSIONES

Para quienes hayan seguido el hilo de este escrito, si es que tuve éxito en explicarlo, habrán entendido que la idea fue demostrar que un gobierno no necesariamente tiene que ser bueno porque es o no es del PRI o de cualquier otro partido. Un gobierno es bueno cuando la cabeza y sobre todo los hombres clave de su equipo lo son también.

Vimos como durante 5 sexenios consecutivos desde Manuel Ávila Camacho en 1941 hasta el final de Díaz Ordaz en 1970, nuestro país tuvo 30 años de crecimiento sostenido, inflación controlada y muy bajo nivel de endeudamiento con el exterior. Con gobiernos del PRI, durante este largo período el crecimiento del país fue del 535%, es decir crecimos 5.35 veces en 30 años.

Sin embargo durante 5 sexenios consecutivos desde Luis Echeverría en 1971 hasta el final de Ernesto Zedillo en 2000, nuestro país se caracterizó por la inestabilidad, la inseguridad, la desconfianza y el riesgo imprevisible, la inflación galopó alegremente y el endeudamiento se volvió asfixiante. También con gobiernos del PRI en este período crecimos un 185%, es decir apenas 1.85 veces en 30 años.

Lo anterior, también demuestra que la falta de democracia real, es decir, el que el partido gobernante eligiera a su sucesor, claro del mismo partido político, nos impedía a los ciudadanos poder decidir quién nos gobernara y los gobiernos sucesivos de un mismo partido, buscaban siempre la manera de ocultar los errores cometidos por el anterior.

Por ese motivo fue que a partir de 1971, los mexicanos acabamos por perder la fe en el gobierno, pero claro menos aún habríamos creído en un gobierno de izquierda como el de Cárdenas. Bastante tuvimos con 12 trágicos años de izquierda estatizante que fue la causante principal de todos nuestros males actuales, ya e sólo era una izquierda de oposición desmedida e irracional a las propuestas gubernamentales, que sólo buscaba hacer a los mexicanos más y más dependientes del sistema e inconscientes de la realidad política.

La conclusión aunque triste en términos generales, al ver como en 12 años consecutivos 1971-1982, la economía del país fue conducida al más rotundo fracaso por regímenes populistas de izquierda, debe servirnos de lección y tener mucho cuidado cuando tengamos que elegir gobernantes en el futuro. Sobre todo porque existen muchas gentes incrustadas dentro de la política nacional que añoran regresar a esas nefastas políticas que tanto daño nos causaron.

Las cifras están allí, las fuentes son oficiales y muestran simple y llanamente nuestra realidad como mexicanos y como país.

VII

Referencias Documentales

BANXICO
www.banxico.org.mx/

CENTRO DE ANALISIS E INVESTIGACION ECONOMICA
www.itam.mx/~caie/

DESARROLLO Y CRISIS DE LA ECONOMÍA MEXICANA : ENSAYOS DE INTERPRETACIÓN HISTÓRICA
CORDERA Rolando / CAMACHO Ernesto
Fondo De Cultura Económica, 1981

ECONOMÍA MEXICANA. REFORMA ESTRUCTURAL, 1982-2003
ÁNIMA PUENTES Santiaga / GUERRERO FLORES Vicente
Facultad De Economía—UNAM

ESCRITOS FUNDAMENTALES
DRUCKER, Peter F.
Editorial: Sudamericana Año De Publicación: 2002

INEGI
www.inegi.gob.mx

LA ECONOMÍA MEXICANA (SIGLOS XIX Y XX)
MARICHAL SALINAS, Carlos
México, D.F. : Colegio De México, 1992

LA ESTADÍSTICA ECONÓMICA NACIONAL
DE LA PEÑA, Sergio

Academía Mexicana De Economía Política, 1991

LA NUEVA ECONOMÍA DEL SIGLO XXI
GÉLINIER, Octave
Editorial: Paidos Argentina Año De Publicación: 2002

MANUAL FOR WRITERS OF TERM PAPERS, THESIS AND DISSERTATIONS.
TURABIAN, Kate L. A
Chicago: The University of Chícago Press, 1973. 216 p. (fourth edition).

MERCADO, ELECCIÓN PÚBLICA E INSTITUCIONES. UNA REVISIÓN DE LAS TEORÍAS MODERNAS DEL ESTADO
AYALA ESPINO José
Facultad De Economía—Unam

OECD
www.oecd.org.home

PERSPECTIVAS DE LA ECONOMÍA MEXICANA
MÉNDEZ VILLARREAL Sofia
Fondo De Cultura Económica, C1984

PRINCIPIOS DE LA ECONOMÍA
MANKIW, N. Gregory
Editorial: Mcgraw-Hill Interamericana Año De Publicación: 2002

SHCP
www.shcp.gob.mx

THE NEW ECONOMICS FOUNDATION
www.neweconomics.org/

VENTURE ECONOMICS
www.ventureeconomics.com/

www.ingramcontent.com/pod-product-compliance
Lightning Source LLC
Chambersburg PA
CBHW031300280526
45784CB00004B/1929